H$_2$O & Co

Anorganische Chemie

Arbeitsheft 9/II, III

Roland Reichelt

unter Mitarbeit
von Peter Otto und Markus Schmidl

Oldenbourg

Hinweise zur Bearbeitung

Für die Lehrerin oder den Lehrer

In den Einheiten des Arbeitsheftes wird der Unterrichtsstoff der Gruppen II und IIII in der 9. Jahrgangsstufe aufbereitet und in anregender Weise wiederholt und vertieft.

Die Nummerierung der Fragen ist als Hilfe beim schnellen Zurechtfinden bzw. bei der Hausaufgabenstellung gedacht.

Die Abfolge der Aufgaben entspricht in vielen Fällen dem logischen Fortgang des Unterrichtsgeschehens, ohne aber eine solche Reihenfolge zu bedingen oder vorschreiben zu wollen. Ein individuelles Setzen von Schwerpunkten wird nicht verhindert – andererseits wurde Wert darauf gelegt, dass keine durch den Lehrplan vorgesehenen Inhalte fehlen. Die mit * versehenen Fragen sind kein verbindlicher Lehrstoff.

Die Lösungen sind als **Vorschläge** zu betrachten und berücksichtigen den zur Verfügung stehenden Platz. Selbstverständlich können sie durch eigene Formulierungen und Beispiele ersetzt werden.

Das Arbeitsheft enthält auf den Extraseiten „**Experimente zum Selbermachen**" eine Anzahl einfacher und ungefährlicher Experimente, die im Unterricht oder zu Hause durchgeführt werden können.

Die Rubrik „**Überprüfe dein Wissen**" ermöglicht es den Schülerinnen und Schülern, ihren Wissenstand selbstständig und auf spielerische Art und Weise zu überprüfen.

Für die Schülerinnen und Schüler

- Lege Wert auf sorgfältige, gut leserliche Eintragungen!
- Verwende dabei weder einen Kugelschreiber noch einen Filzstift, um eine Beeinträchtigung der jeweiligen Rückseite zu vermeiden!
- Durch Umrahmung bestimmter Fragen soll beim Wiederholen umfangreicher Abschnitte das Auffrischen von Grundwissen (oder auch das Nachlernen von Versäumnissen) erleichtert werden.
  Ein Tipp: Durch vorsichtiges Schattieren mit Farb- oder Bleistift kann die Übersichtlichkeit noch verstärkt werden.
- Nutze die eingestreuten Rätsel zur Überprüfung deines Wissens!
  Schlage, wenn notwendig, bei den entsprechenden Kapiteln des Lehrbuchs nach!

Wir wünschen viel Spaß und allen Beteiligten viel Erfolg bei der Arbeit mit H_2O & Co!

Verlag und Autoren

Redaktion: Dr. Kerstin Amelunxen, Annette Goldscheider
Illustration: Detlef Seidensticker, München
Umschlagkonzept: Mendell & Oberer, München
Layout: Eva Fink
Technische Umsetzung: Tutte Druckerei GmbH, Salzweg bei Passau

www.oldenbourg.de

Achtung! Unsere Experimente sind sorgfältig ausgewählt und getestet, sodass hiervon bei ordnungsgemäßer Durchführung keine Gefahren ausgehen. Die Vorsichtsmaßregeln und Gebrauchsanweisung sind zu beachten! Durchführung nur unter Aufsicht und ggfs. mit Hilfestellung von Erwachsenen! Bitte beachten Sie auch die für ggfs. verwendete Materialien geltenden Sicherheitsanforderungen. Eine Haftung für Schäden durch eine unsachgemäße Verwendung oder Durchführung wird ausgeschlossen.

1. Auflage, 7. Druck 2015

Alle Drucke dieser Auflage sind inhaltlich unverändert und können im Unterricht nebeneinander verwendet werden.

© 2002 Oldenbourg Schulbuchverlag GmbH, München
© 2015 Cornelsen Schulverlage GmbH, Berlin

Das Werk und seine Teile sind urheberrechtlich geschützt. Jede Nutzung in anderen als den gesetzlich zugelassenen Fällen bedarf der vorherigen schriftlichen Einwilligung des Verlages. Hinweis zu den §§ 46, 52 a UrhG: Weder das Werk noch seine Teile dürfen ohne eine solche Einwilligung eingescannt und in ein Netzwerk eingestellt oder sonst öffentlich zugänglich gemacht werden.
Dies gilt auch für Intranets von Schulen und sonstigen Bildungseinrichtungen.

Druck: H. Heenemann, Berlin

ISBN 978-3-637-16043-9

PEFC zertifiziert
Dieses Produkt stammt aus nachhaltig bewirtschafteten Wäldern und kontrollierten Quellen.
www.pefc.de

Inhaltsverzeichnis

Aufgaben und Bedeutung der Chemie 4
Einfache Möglichkeiten der Stofferkennung 5
Experimentelle Methoden zur Stofferkennung 6
Experimente zum Selbermachen 7
Reinstoffe und Gemische 8
Trennung von Gemischen 9
Experimente zum Selbermachen 11
Modellvorstellung vom Feinbau der Stoffe 12
Atome und Moleküle 13
Zerlegung von Stoffen 14
Die Bildung neuer Stoffe 15
Merkmale einer chemischen Reaktion ... 16
Chemische Reaktionen und Teilchenmodell 17
Die Katalyse 18
Chemische Symbole und Formeln 19
Aufstellen von chemischen Formeln 20
Aufstellen von Formelgleichungen 21

Überprüfe dein Wissen 22

Voraussetzungen für die Verbrennung ... 23
Was geschieht bei der Verbrennung? 24
Das Element Sauerstoff 25
Besondere Verbrennungserscheinungen .. 26
Experimente zum Selbermachen 27
Brandschutz und Feuerlöschen 28

Überprüfe dein Wissen 29

Luftverunreinigung und Luftreinhaltung 30
Wasserstoff 31
Reduktion als Sauerstoffabgabe 32

Überprüfe dein Wissen 33

Das Kern-Hülle-Modell des Atoms 34
Der Aufbau der Atomhülle 35
Das Periodensystem der Elemente 36

* Metalle und Nichtmetalle im Vergleich 37

Überprüfe dein Wissen 38

Die Atombindung 39
Die polare Atombindung 40
* Wasser – ein besonderer Stoff 41
Die Ionenbindung 42

Überprüfe dein Wissen 43

Aufbau und Eigenschaften von Ionenverbindungen 44
Lösen von Salzen in Wasser 45

Überprüfe dein Wissen 46

Experimente zum Selbermachen 47
* Die metallische Bindung 48
Bindungstyp und Eigenschaften 49

Überprüfe dein Wissen 50

Was sind Säuren? 51
Wichtige Säuren und ihre Lösungen 52
Reaktionen von Säurelösungen mit Metallen 53
Experimente zum Selbermachen 54
Wichtige Säuren und ihre Salze 55
Was sind Laugen? 56
Die Neutralisation 57

* Überprüfe dein Wissen 58
Überprüfe dein Wissen 59
Überprüfe dein Wissen 60

Farbe bekennen 61
* Wasser als Lösemittel 62

Überprüfe dein Wissen 63
Überprüfe dein Wissen 64

Nachweisreaktionen 65

Aufgaben und Bedeutung der Chemie

1 Von den Anfängen der Chemie: Lange bevor es eine „**Naturwissenschaft Chemie**" gab, bedienten sich die Menschen unbewusst chemischer Verfahren und Methoden.

Beispiele: _____

_____

Direkter Vorläufer der wissenschaftlichen Chemie war die _____

Ihren schlechten Ruf verdankte diese vor allem den vergeblichen Versuchen, unedle Stoffe zu _____

umzuwandeln. Andererseits legten die Alchemisten die Grundlagen der modernen Chemie: _____

_____

_____

2 Womit beschäftigt sich die Wissenschaft Chemie?

> Chemie ist die Lehre _____
>
> _____

3 Im Folgenden sind Bereiche unseres Lebens angeführt, zu denen die Chemie entscheidende Beiträge liefert. Gib dazu jeweils konkrete Beispiele an!

a) Ernährung: _____

b) Gesundheit: _____

c) Bekleidung: _____

d) Werkstoffe: _____

e) Umweltschutz: _____

4 Die Abbildungen entstammen einer Anzeigenserie der chemischen Industrie und verdeutlichen unbestreitbare Leistungen der Chemie. Zu drei Darstellungen sollten dir auch kritische Anmerkungen einfallen!

Einfache Möglichkeiten der Stofferkennung

1 Stoffe erkennt man an ihren _____ . Überlege, welche du zur Erkennung eines

Kupferblechs heranziehst: _____

2 Zur Stofferkennung benutzen wir die Wahrnehmung unserer _____ :

_____

Manche Stoffe lassen sich damit leicht erkennen, z. B.:

_____ an der Farbe   _____ am Geruch

_____ an der Form   _____ am Glanz

Welchen Sinn dürfen wir zur Untersuchung unbekannter Stoffe nicht einsetzen? _____

3 Beschreibe kurz die fachmännische Durchführung einer Geruchsprobe! Streiche die falsche Abbildung durch!

_____

_____

_____

4 Ein Experiment als Hausaufgabe:

Löse Kochsalz in Wasser auf, gieße das Wasser in eine Glasschale und stelle diese an einen Ort, wo sie ein paar Tage ruhig stehen kann (möglichst gleichmäßige Temperatur). Skizziere die am Boden der Schale erscheinenden Kristalle!

5 Manche brennbaren Stoffe werden durch ein bestimmtes Symbol gekennzeichnet. Du findest es im Haushalt z. B. auf Brennspiritusflaschen, auf Behältern für Pinselreiniger, Reinigungsbenzin u. ä.

Zeichne oder klebe das Symbol ein!

Was soll dir dieses Symbol mitteilen? _____

_____

6 Der Geruch von Benzin soll beschrieben werden.

Wie viele Schüler der Klasse empfinden ihn als „angenehm" (_____), wie viele als „unangenehm"

(_____)? Weitere Beschreibungen: _____

Beurteile die Aussagekraft dieser Stoffbeschreibungen!

Experimentelle Methoden zur Stofferkennung

1 Indikatoren (= ....) sind Farbstoffe, die in saurer, neutraler und laugenhafter

Trage die zutreffenden Färbungen in die Kästchen ein:

	Universal-indikator	Blaukraut-wasser	....	....
sauer (z. B. ....)				
neutral (z. B. ....)				
laugig (alkalisch) (z. B. ....)				

Herstellung von Blaukrautwasser s. S. 7!

2 Zeichne die Leitfähigkeitsmessung als Schema (Mess-Skizze):

a) Versuchsanordnung b) Schema

Kläre anhand der Skizzen die Begriffe: Elektroden, Stromkreis, Lämpchen (Messgerät), Stromquelle.

3 Überprüfe dein Wissen!

– An der charakteristischen Färbung von .... erkennt man, ob ein Stoff

....

– Mithilfe eines Thermometers kann man ....

– Die Angabe „löslich" bzw „unlöslich" ist nur sinnvoll, wenn dazu ....
angegeben wird.

– Durch Überprüfung der elektrischen Leitfähigkeit lassen sich die Stoffe in 2 Gruppen einteilen:

....

Experimente zum Selbermachen

Blaukrautwasser – ein erstklassiger Indikator

Wie stellen wir ihn her?

Einige Blätter Blaukraut (=Rotkohl) klein schneiden und in Wasser in einem Becherglas oder Topf kochen, bis der Farbstoff gelöst ist (ca. 5–10 Min.); gelegentlich umrühren.

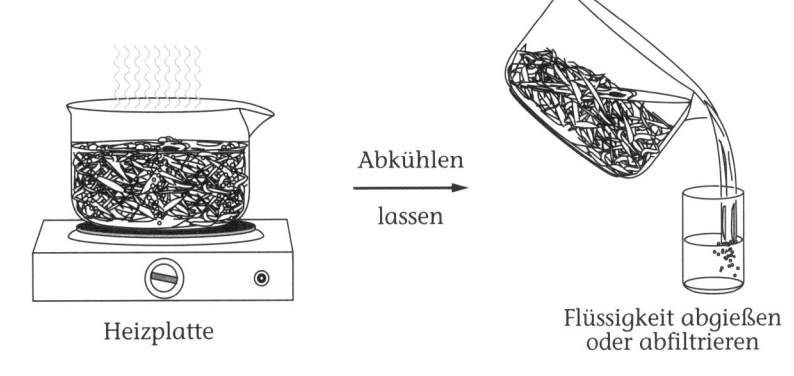

Heizplatte → Abkühlen lassen → Flüssigkeit abgießen oder abfiltrieren

Will man Indikatorpapier herstellen, so tränkt man weißes Filterpapier oder einen weißen Kaffeefilter mit einer möglichst konzentrierten Blaukrautsaftlösung und lässt es trocknen. Danach zerschneidet man es in schmale Streifen (ca. 1,5×6 cm), die man praktischerweise mit Heftklammern zu kleinen Päckchen verbindet.
Hinweis: Blaukrautwasser verschimmelt leicht! Man kann die Schimmelbildung einige Tage hinauszögern, wenn man die Flüssigkeit im Kühlschrankt aufbewahrt.

Was zeigt es uns an?

Blaukrautwasser zeigt uns nicht nur an, ob ein Stoff sauer, neutral oder laugenhaft reagiert, sondern es zeigt durch verschiedene Farbabstufungen auch noch die unterschiedlichen „Stärken" der Säuren bzw. Laugen an. (Näheres lernst du später kennen!)

Was können wir prüfen?

Eigentlich alles: Säfte, Haushaltsreiniger (Vorsicht!), Seifenlösung, Waschmittel, Tee, Kaffee, Regenwasser, Essig, Speichel, Schweiß, Blut, ... (Feste Stoffe musst du erst in Wasser lösen!)
Für Bodenuntersuchungen gibst du Erde in ein Gefäß mit etwa der doppelten Menge Wasser. Warte mindestens 4–5 Stunden (gelegentlich umrühren!), dann kannst du die Flüssigkeit testen.
Bei deinen Untersuchungen kann dir die folgende Skala hilfreich sein.

Testflüssigkeit	Reaktion	Indikatorfarbe
verdünnte Salzsäure (Vorsicht!)	zunehmend sauer ↑	weinrot
Zitronensaft		
Haushaltsessig		
saure Milch		
Mineralwasser		
Regenwasser		
reines Wasser	neutral	blau
Meerwasser	zunehmend laugig ↓	
Backpulverlösung		
Seifenlösung		
Reinigungssalz-/Sodalösung		
Salmiakreiniger		
Backofen-/Abflussreiniger (Vorsicht!)		gelb

Reinstoffe und Gemische

1 Sämtliche Stoffe lassen sich in 2 große Gruppen einteilen:

	Reinstoffe	Gemische (Gemenge)
Beispiele		
Zusammensetzung		
Eigenschaften		

2 Manche Stoffe sind leicht als Gemische erkennbar, z. B. ....

(Bestandteile: ....)

Nenne Beispiele von Gemischen, bei denen der bloße Augenschein nicht weiter hilft: ....

....

3 Experimente liefern die entscheidenden Informationen!
Ordne den Siedekurven die dazugehörigen Stoffe zu: Reines Wasser/Meerwasser.

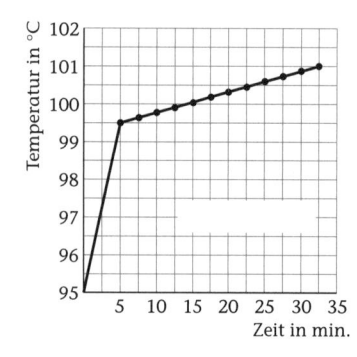

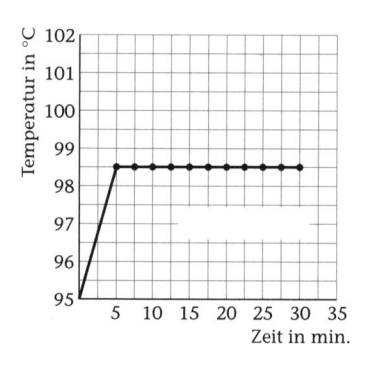

Begründe: Bei Reinstoffen sind die Eigenschaften (z. B. Siedepunkt oder Schmelzpunkt) ....,

bei Gemischen sind sie ....

4

Art. 2715

Kupfer

fein gepulvert
reinst

Korngröße kleiner als 63 μm

Cu
Atomgewicht 63,55

Typanalyse
Gehalt (Cu) 99,5 %
In Salpetersäure
unlösl. Anteile 0,05 %
Silber (Ag) 0,005 %
Blei (Pb) 0,05 %
Zinn (Sn) 0,005 %
Eisen (Fe) 0,005 %
Mangan (Mn) 0,005 %
Antimon (Sb) 0,005 %
Arsen (As) 0,0002 %

Die angegebenen
Analysendaten sind
keine Garantiezahlen.

Ein Chemiestudent hat sich im Chemikalienhandel den Reinstoff Kupfer gekauft und studiert das Etikett mit den Reinheitsangaben. Er ist empört: „So teuer und dann nicht einmal 100%ig rein!"
Nimm dazu Stellung und begründe deine Meinung!

....

....

....

Trennung von Gemischen

1 Die meisten in der Natur vorkommenden Stoffe sind Gemische, d.h. sie enthalten mindestens .... Will man diese aus einem Gemisch heraustrennen, nutzt man die Tatsache aus, dass die kennzeichnenden .... der Reinstoffe im Gemisch ....

Beispiel:
a) Wie würdest du bei der Trennung des nebenstehenden Gemisches vorgehen?
b) Welche Stoffeigenschaften hast du jeweils zur Trennung genutzt?

Gemisch aus Sand, Kochsalz, Sägespänen und Eisenpulver

Notiere deine Vorschläge auf den Leerseiten am Ende des Heftes.

2 Schreibe in die Rähmchen jeweils die Bezeichnung des dargestellten Trennvorgangs und gib darunter kurze Erklärungen!

a) [_____] und [_____]

Sand

b) [_____]

c) [_____]

fetthaltige Samen (zerquetscht)

Trennung von Gemischen

d) [   ]

_____

_____

_____

Sand und Eisenspäne

e) [   ]

_____

_____

_____

Salzlösung (z.B. ....)

f) [   ]

_____

_____

_____

_____

Lösung

Wirksamer als die abgebildete „Luftkühlung" wäre eine Wasserkühlung. Ergänze die Skizze entsprechend und kennzeichne Wasserzufluss und Wasserabfluss durch Pfeile!

3 Wende deine Kenntnisse an! Wie trennt man
 – Spreu vom Weizen?
 – Gold vom Flusssand?
 – Eisen vom Haushaltsmüll?
 – Alkohol vom Wein? („Schnapsbrennen")
 – Milchfett (Rahm) von der Milch?
 – Salz vom Meerwasser?
 – Fettflecke vom Gewebe?

Experimente zum Selbermachen

Chromatographie – einfaches Prinzip, aber sehr wirkungsvolle Methode!

Das Prinzip: Man lässt Wasser (oder ein anderes Lösungsmittel) von einem Filterpapier aufsaugen (Kapillarkräfte!). Das Wasser trifft auf das Gemisch und transportiert die einzelnen Bestandteile des Gemisches verschieden schnell. Dadurch wird das Gemisch in seine Bestandteile aufgetrennt. Ergänze die Zeichnungen!

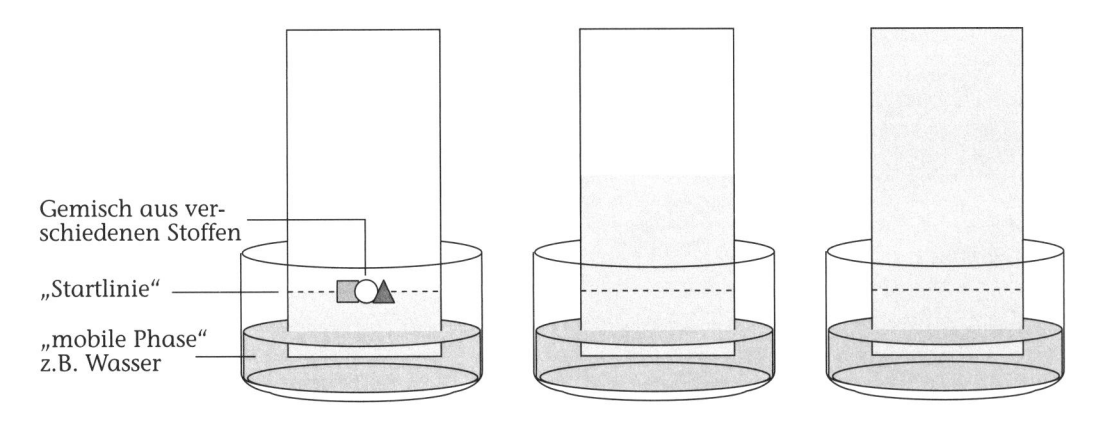

- Gemisch aus verschiedenen Stoffen
- „Startlinie"
- „mobile Phase" z.B. Wasser

Verschiedene Möglichkeiten

a) Streifen-Methode

Man benötigt weiße Filterpapier-Streifen, ca. 4 cm breit (am besten geeignet: Chromatographiepapier). Mit einem Bleistift wird eine dünne Linie („Startlinie") gezogen, ca. 1,5 cm vom unteren Rand entfernt. Darauf bringt man durch kurzes Auftupfen etwas Farbe von verschiedenen wasserlöslichen Filzstiften. Dann hängt man den Streifen in ein Gefäß, sodass er unten in das Wasser eintaucht. Der Wasserspiegel muss auf alle Fälle unterhalb der „Startlinie" sein!
Ein Tipp: Schwarze Filzstiftfarben liefern z. T. sehr überraschende Ergebnisse und entpuppen sich meist als recht farbig!

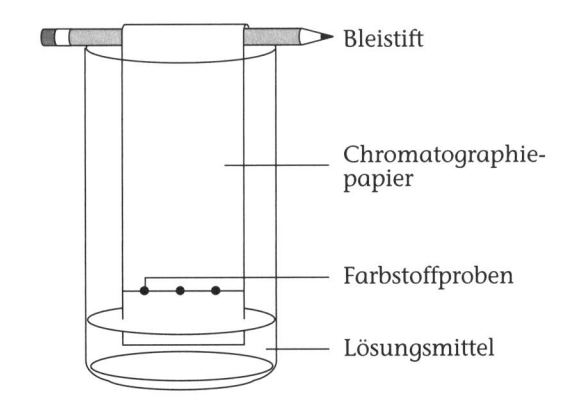

- Bleistift
- Chromatographiepapier
- Farbstoffproben
- Lösungsmittel

b) Rundfilter-Methode

In die Mitte einer Filterpapierscheibe schneidet oder bohrt man ein möglichst rundes Loch (ca. 3–4 mm Durchmesser). Um dieses Loch trägt man gleichmäßig in einem schmalen Ring den Farbstoff bzw. das Farbstoffgemisch auf. Dann wickelt man sich aus einem Filterpapierstreifen ein Röllchen (ca. 2 cm lang) mit etwa dem gleichen Durchmesser wie das Loch. Dieses Röllchen wird in das Loch gesteckt (es sollte gut am Filter anliegen) und es übernimmt nun die Funktion eines Dochtes, d.h. es saugt das Fließmittel aus dem darunter liegenden Gefäß (Petrischale, Marmeladenglas o.ä.) an. Spätestens 1–2 cm bevor das Wasser den Papierrand erreicht hat, wird der Docht entfernt und das Papier zum Trocknen weggelegt.

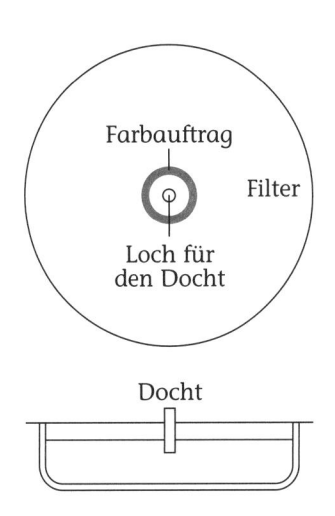

- Farbauftrag
- Filter
- Loch für den Docht
- Docht

Weiteren Variationen sind kaum Grenzen gesetzt: Man kann die Farbstoffe variieren (Farbtinten, Lebensmittelfarbe, Indikatorfarbstoffe, Pflanzensäfte, ...), aber auch mit unterschiedlichen Lösungsmitteln bzw. Lösungsmittelgemischen (Essig, Benzin, Brennspiritus, ...) experimentieren! Viel Spaß!

Modellvorstellungen vom Feinbau der Stoffe

1 Um schwer zugängliche Sachverhalte oder komplizierte Vorgänge verständlich zu machen, benutzt man in der

Wissenschaft _____ oder _____

Als besonders hilfreich für die Chemie hat sich das _____ erwiesen.

Danach stellt man sich vor, dass alle Stoffe _____

aufgebaut sind. Viele Beobachtungen im Alltag kann man damit gut verständlich machen, z. B. _____

_____

_____

2 Du kennst vom Erdkundeunterricht her den Globus als ein „Modell" unserer Erde.

a) Überlege, wobei dir dieses Modell hilfreich war!

b) Suche nach Merkmalen oder Eigenschaften dieses Modells, die offensichtlich nicht der Wirklichkeit entsprechen!

c) Nenne Probleme, zu denen dieses Modell keine Aussagen macht!

3 Die Aggregatzustände und Zustandsänderungen

Gestalt des Stoffes Anordnung der Teilchen			
Aggregatzustand und Zustandsänderung	fest ⇌	flüssig	⇌ gasförmig
Bewegung der Teilchen			
Zusammenhalt der Teilchen			

4 Kreuze die **richtigen Aussagen** an:
☐ Ein Modell hat mit der Wirklichkeit nichts zu tun.
☐ Ein Modell macht Unsichtbares sichtbar.
☐ Ein Modell ist eine Vorstellungshilfe.
☐ Ein Modell erfasst meist nur Teilaspekte der Wirklichkeit.
☐ Ein Modell ist entweder richtig oder falsch.
☐ Aus einem Modell lassen sich Voraussagen ableiten.
☐ Mit einem Modell kann man alle Vorgänge erklären.

Atome und Moleküle

1 Der Atombegriff wurde vor mehr als _____ Jahren von dem griechischen Philosophen _____ geprägt („Atom" leitet sich ab von atomos = _____). Erst zu Beginn des _____ Jahrhunderts wurde diese Vorstellung wieder ernsthaft aufgegriffen. Warum wohl erst so spät?

2 Der Engländer _____ gilt als Begründer der modernen Atomtheorie. Auf ihn geht auch der Versuch zurück, Atome durch Kreise zu symbolisieren:

Wieso brachte er Unterscheidungsmerkmale an?

_____

Was wollte Dalton mit der folgenden Darstellung ausdrücken?

_____

3 Fasse Daltons Modellvorstellungen zusammen:

- Es existieren _____
- Es gibt verschiedene _____
- Mehrere Atome können sich zu _____ vereinigen.
- Bei chemischen Reaktionen _____ sich Atome mit anderen oder werden von anderen _____

4 Wir kennen heute die Größen und Massen der Atome – sie sind _____

Beispiel: Um ein Atom auf die Größe eines Apfels zu bringen, müsste man es etwa 100millionenfach vergrößern! Ein ebenso vergrößerter Apfel hätte dann ungefähr den Durchmesser _____

5 Gibt man dem _____ (leichtes Atom!) die relative Atommasse 1, so sind die Massen aller übrigen Atomsorten _____. Man erhält so einfach zu handhabende Vergleichszahlen.

Beispiel: 1 Kohlenstoffatom hat die relative Atommasse 12, das bedeutet _____

Die Masse eines Moleküls erhält man, indem man _____

Relative Atom- und Molekülmassen sind Vergleichszahlen und haben deshalb _____

13

Zerlegung von Stoffen

1 Wasser wird durch den elektrischen Strom zerlegt.

a) Trage die Versuchsbeobachtungen ein!

b) Beschreibe: An beiden Polen entsteht _____,

wobei am negativen Pol _____

_____ wie am positiven Pol.

c) Die entstandenen Gase lassen sich durch einfache Erkennungsreaktionen (**Nachweisreaktionen**) identifizieren:

„Glimmspanprobe": Nachweis von _____

„Knallgasprobe": Nachweis von _____

d) Beschreibe die Zerlegung von Wasser mit einer Reaktionsgleichung:

_____

2 Die chemische Zerlegung von Stoffen in ihre Bestandteile und deren Nachweis: _____

3 Wasserstoff und Sauerstoff lassen sich chemisch nicht weiter zerlegen, weil sie _____

_____ bestehen. Man bezeichnet sie als _____

Es gibt davon rund _____ Reinstoffe, die sich durch chemische Reaktionen in neue Stoffe zerlegen

lassen, nennt man _____ Beispiel: _____

4 Beschreibe die Analyse von Silberoxid in einer Reaktionsgleichung:

_____

5 Bei der Zerlegung von Wasser muss ständig Energie zugeführt werden. Solche chemischen Vorgänge bezeichnet

man als _____

6 Alle Stoffe lassen sich in das folgende Schema einordnen. Ergänze! Nenne Beispiele!

Stoffe
- Gemische (z. B. _____)
- _____
  - _____ (z. B. _____)
  - _____ (z. B. _____)

14

Die Bildung neuer Stoffe

1 Vermischt man Wasserstoff und Sauerstoff, so entsteht ein _____, in dem beide Stoffe unverändert vorliegen. Entzündet man den Wasserstoff, so erfolgt eine Veränderung: aus Wasserstoff und Sauerstoff entsteht _____, ein neuer Stoff, denn _____

Reaktionsgleichung: _____

Die Vereinigung von Stoffen zu einem neuen Stoff nennt man _____

2 Bei der Bildung von Wasser wurde Energie frei: _____. Trotzdem musste zum Start der Reaktion zunächst Energie zugeführt werden (Zündung!): _____

3 Eisen- und Schwefel-Pulver werden miteinander vermengt und dann gezündet:

Eisen + Schwefel → Gemisch — zünden → _____

Die Stoffe im Gemisch lassen sich aufgrund _____ wieder trennen (z. B. _____).

Ein neuer Stoff ist entstanden, denn _____

Eine physikalische Auftrennung _____

Reaktionsgleichung: _____

4 Beispiele für weitere Synthesen: _____

5 Es existieren rund _____ Elemente. Durch Synthesen lassen sich daraus _____ herstellen. Zurzeit sind mehr als _____ bekannt!

15

Merkmale einer chemischen Reaktion

1 Wir haben bereits verschiedene chemische Reaktionen kennen gelernt. Beispiel:

....

Kennzeichen einer chemischen Reaktion:

a) ....

b) ....

– .... , wenn insgesamt Energie freigesetzt wurde

– .... , wenn insgesamt Energie zugeführt wurde.

Aktivierungsenergie: ....

....

---

2 Stelle eine exotherme Reaktion in einem Energiediagramm dar:

(Energiediagramm: y-Achse: Energieinhalt, x-Achse: Reaktionsablauf)

3 Bei einer endothermen Reaktion sind die Reaktionsprodukte energieärmer/energiereicher als die Ausgangsstoffe (falsche Aussage streichen!). Wie würde das entsprechende Energiediagramm aussehen? Fertige eine Skizze auf den dafür vorgesehenen Leerseiten im Anhang des Arbeitsheftes!

4

Stoffe reagieren miteinander, um ....

....

5 Ein Stoff kann aus zwei verschiedenen Gründen chemisch stabil sein. Begründe:

a) ....

b) ....

Chemische Reaktionen und Teilchenmodell

1 Wir haben Wasser in seine Bestandteile (_____) zerlegt und diese wieder zu Wasser vereinigt. Diese Reaktionen lassen sich mithilfe des Teilchenmodells verständlich machen:

⟶ (Reaktionstyp)   ⟶ (Reaktionstyp)

_____   _____   _____   _____

Ergebnis: Bei chemischen Reaktionen _____. Dabei muss ständig Energie zugeführt werden (_____) oder es wird Energie freigesetzt (_____).

2 Bei chemischen Reaktionen werden Atome weder neu geschaffen noch vernichtet, sondern nur _____. Wie verhält sich demnach die Masse der Ausgangsstoffe zur Masse der Reaktionsprodukte?

_____

Will man diese Überlegung experimentell überprüfen, muss man in so genannten _____ arbeiten. Begründung (falsche Begründungen durchstreichen):

a) Damit kein Schmutz hineinfallen kann.
b) Damit keine Wärme entweichen kann.
c) Damit keine gasförmigen Reaktionsprodukte entweichen können.
d) Weil die Reaktionen in offenen Gefäßen nicht stattfinden würden.

Gesetz von _____

3 **Ein Blick in den Alltag:** Da bei chemischen Reaktionen Atome nicht verloren gehen, kann man grundsätzlich aus Abfallstoffen die ursprünglichen _____ wiedergewinnen ⟶ Grundlage des _____

a) Vorteile: – Schonung _____

– Verringerung _____

b) Nachteile/Probleme: _____

Die Katalyse

1 Durch Zufuhr von Aktivierungsenergie (z. B. _____) wird der Zerfall von Wasserstoffperoxid beschleunigt:

Wasserstoffperoxid ⟶ _____

Die Zersetzung wird aber auch durch Zugabe bestimmter Stoffe

(z. B. _____)

beschleunigt. Diese wirken dabei als _____

Eine durch _____ beeinflusste chemische

Reaktion wird als _____ bezeichnet.

— Wasserstoffperoxid
+ _____

2
Kennzeichen von Katalysatoren:

a) _____

⇒ _____

b) _____

3 ★ Modellvorstellung von der Wirkungsweise eines Katalysators:

An der Katalysatoroberfläche (z. B. _____) werden die Bindungen zwischen den Atomen in einem Molekül

_____, sodass leichter Bindungen mit anderen Atomen erfolgen können.

4 Bedeutung von Katalysatoren

in der Technik: _____

_____

in der Natur: _____

_____

Chemische Symbole und Formeln

1 Zur Kurzbezeichnung der Elemente verwendet man die Anfangsbuchstaben der lateinischen und griechischen Elementnamen als _____ für diese Elemente.

Schwefel (sulfur) = _____   Wasserstoff (hydrogenium) = _____

Sauerstoff (oxygenium) = _____   Kupfer (cuprum) = _____

Eisen (ferrum) = _____   Kohlenstoff (carboneum) = _____

2 Ein chemisches Symbol hat verschiedene Bedeutungen. Beispiel:

z. B. _____ kann bedeuten

a) Symbol für das Element _____

b) _____

c) _____

3 Indem man die Symbole der miteinander reagierenden Elemente nebeneinander schreibt, drückt man aus, dass sich die Atome _____. Beispiel: _____

Die Kurzschreibweise einer chemischen Verbindung nennt man _____

4 Haben sich mehrere gleichartige Atome miteinander verbunden, drückt man dies durch eine _____ _____ aus; also statt HH: _____, statt OOO: _____

Übung: ◯ soll ein Schwefelatom bedeuten. Verwende die Formelschreibweise!

5 Ergänze die Formeln:

Aufstellen von chemischen Formeln

1 Atome verbinden sich nicht beliebig miteinander, sondern entsprechend ihrer ....

> Die Wertigkeit eines Atoms gibt an, ...

Ein vierwertiges Atom verbindet sich mit .... einwertigen Atomen:

.... = vierwertig   .... = einwertig   Formel:

.... zweiwertige Atome verbinden sich mit .... vierwertigen Atom:

.... = zweiwertig   .... = vierwertig   Formel:

2

Aufstellen einer chemischen Formel	Beispiel	Beispiel
a) Symbole der Bindungspartner und deren Wertigkeiten nebeneinander schreiben	III II Al O	
b) Errechnen des kgV der Wertigkeiten	....	....
c) Berechnung der Indizes durch Division des kgV durch die Wertigkeit	Al 6 : III = ... O	....
d) Vervollständigung der Formel	....	....

3 Benennung von Verbindungen aus zwei Elementen:

a) Der unveränderte Name des ersten Elements wird vorangestellt. Dann wird an den Stammnamen des zweiten

Elements (abgeleitet von den ....)

die Endung .... angehängt. Beispiele: FeS = ...   CO = ...

b) Manche Elemente besitzen verschiedene Wertigkeiten. Dann ist es notwendig, das ....

.... anzugeben, in dem sich die Atome verbunden haben. Dazu verwendet man die

.... Zahlwörter.

Beispiele: SO_2 = ... N_2O = ...

c) Man kann auch die Wertigkeit des Elements im Namen der Verbindung angeben. Beispiel: Verbindung des

zweiwertigen Kupfers mit Sauerstoff: ....

Aufstellen von Formelgleichungen

1

Eine chemische Reaktion lässt sich durch eine _____ ausdrücken.

links   (⟶   )   rechts

Dabei ist das Gesetz von der Erhaltung der Masse zu beachten: Die Anzahl der Atome eines jeden Elements ist auf beiden Seiten des Reaktionspfeils _____, d.h. es gehen bei einer chem. Reaktion _____

2

Aufstellen einer Reaktionsgleichung	Beispiel
a) Aufstellen der Wortgleichung	
b) Ermitteln der Symbole und Formeln der beteiligten Stoffe	
c) Richtigstellen der Gleichung	

Weitere Beispiele:

3 Informationen, die in einer Reaktionsgleichung stecken. Beispiel: _____

Wortgleichung: _____

Formelgleichung: _____

Teilchenzahl: _____

Massenverhältnis: _____

Energieumsatz: Es handelt sich um eine exotherme / endotherme Reaktion.
(Zutreffendes unterstreichen!)

Überprüfe dein Wissen

1 ● soll ein Sauerstoffatom bedeuten, ○ ein Wasserstoffatom. Schreibe in Symbolen bzw. Formeln!

2 Benutze die angegebenen Wertigkeiten, um die Formeln zu überprüfen und – falls nötig – zu berichtigen! Benenne alle Verbindungen exakt!   Al = dreiwertig / Mg = zweiwertig / Cl = einwertig / N = dreiwertig / C = vierwertig / Na = einwertig / S = zweiwertig

Merke: Sauerstoff O ist stets _____ -wertig. Wasserstoff H ist stets _____ -wertig.

Na O _____   Mg Cl _____

Mg O _____   Na Cl _____

C O _____   Al S _____

Mg N _____   N O _____

3 Welche Wertigkeiten haben die beteiligten Elemente in den folgenden Verbindungen? (Formeln sind **richtig**!)

H_2S SO_3 PH_3 HCl CO N_2O_5 Fe_2O_3 H_2O N_2O NO_2

4 Gib die Formelgleichungen an für die

– Bildung von Silbersulfid aus den Elementen (Ag I / S II): _____

– Zerlegung von Quecksilberoxid (Hg II): _____

– Analyse von Wasser: _____

– Synthese von Stickstoff (N IV) und Sauerstoff: _____

5 Die folgenden Gleichungen sind noch richtig zu stellen. Dabei sind die **Formeln bereits korrekt** eingesetzt. Benenne alle beteiligten Stoffe!

a)   K   + I_2 →   KI

b) $FeCl_3$ →   Fe   + Cl_2

c) N_2 + O_2 →   NO

d)   Ag   + O_2 → Ag_2O

22

Voraussetzungen für die Verbrennung

1 Versuche, verschiedene Stoffe zu verbrennen! Die Versuchsergebnisse zeigen:

a) Es gibt _____ (Beispiele!)

b) Die Stoffe werden bei der Verbrennung _____

  _____ ⇒ Die Verbrennung ist ein _____

c) Der Verbrennungsvorgang setzt bei einer bestimmten Temperatur ein: _____

  _____

2 Ein fest zusammengefaltetes Kupferblech wird in der Brennerflamme stark erhitzt. Nach dem Erkalten wird das Blech auseinander gefaltet.

Beobachtung: _____

Folgerung: _____

3 Der Versuch mit der „schwimmenden Kerze" (SB, Seite 54) zeigt uns: Nur ein Teil der Luft ist zur Verbrennung

nötig: _____

4
> Bedingungen für eine Verbrennung (insgesamt 3): _____
> _____

5 Damit bei einer Verbrennung Flammen entstehen, muss der Brennstoff _____

Beispiel Kerze: _____

Beispiel Gasbrenner: _____

Ergänze die Skizzen! Welche der beiden Flammen ist heißer? Begründe! _____

_____

drehbare Hülse mit Öffnungen

23

Was geschieht bei der Verbrennung?

1 Der „Waageversuch" liefert die entscheidende Information! Ergänze die Versuchsskizzen:

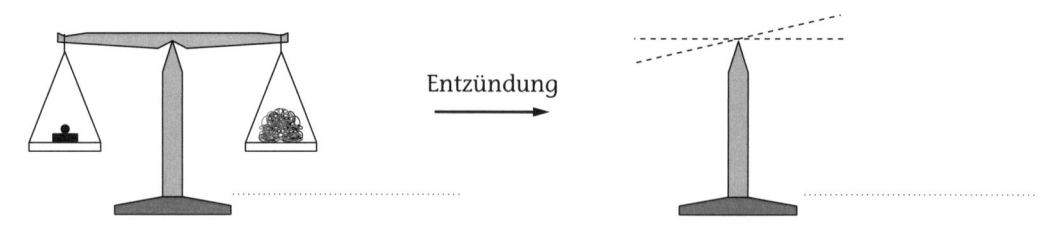

Entzündung →

Folgerung: ....

Dieser Stoff stammt .... (siehe vorheriges Kapitel!), es ist ....

Verbrennung (= ....) ....
....
Dabei entstehen .... und .... wird frei.

2 Verbrennungsreaktionen als chemische Gleichungen:

....

....

....

....

3 Was bedeutet das folgende Gefahrensymbol?

a) Gefahrenbezeichnung: ....

b) Erläutere: ....

....

Verbindungen, die Sauerstoff liefern, nennt man ....
Beispiele: ....

4 Wende dein Wissen an! Ein Stoff ist **nicht brennbar**

– wenn er (wie z. B. Platin) ....

– wenn er (wie z. B. Wasser) ....

24

Das Element Sauerstoff

1 Wir finden Sauerstoff   a) elementar .... (ca. .... Vol.%)

                                  b) in Verbindungen, z. B. ....

                                  ....

                                  Sauerstoff ist das bei weitem ....

Bestandteile der Luft   ....

2 Gewinnung von reinem Sauerstoff

     a) Im Labor (kleine Mengen): ....

     ....

     b) In der Technik: ....

3 Nenne die Eigenschaften von Sauerstoff und unterstreiche die wichtigste!

....

....

4 Verwendung von reinem Sauerstoff:

....

....

....

5 Vom Element Sauerstoff existieren 2 „Varianten"

„Normaler Sauerstoff": .... : ....

(................................)   (Trisauerstoff)

Beispiel für die Entstehung von Ozon:

....

....

6 Bodennahes Ozon: ....

     Höhen-Ozon („Ozonschicht"): ....

....

Besondere Verbrennungserscheinungen

1 Vergleiche die Verbrennung von Al-Blech und Al-Pulver oder von ....

....

Erklärung: Beim Zerkleinern eines Stoffes wird ....

Dadurch kann die Vereinigung mit ....

Explosionsgefahr besteht bei

a) .... brennbaren Feststoffen (....)

Beispiele: ....

b) .... brennbaren Flüssigkeiten (z. B. ....)

c) ....

2

- Stopfen
- kleine Blechbüchse mit Loch
- Wasserstoff
- Öffnung

a) Warum kann man unmittelbar nach Entfernen des Stopfens das entweichende Gas gefahrlos entzünden?

....

b) Was geschieht nach kurzer Zeit? Gib eine Erklärung!

....

| Der Explosionsbereich von Gasen oder Dämpfen gibt das Mischungsverhältnis mit |
| .... an, in dem .... besteht. |

3 Eisenwolle — Luft — Wasser (Sperrflüssigkeit)

Die Eisenwolle ....

....

„Rosten" = ...

4 Einteilung von Verbrennungsvorgängen nach der Geschwindigkeit des Ablaufs:

a) ....

b) ....

c) ....

Experimente zum Selbermachen

Feuerspiele

Die kleinen Versuche sollen dir einfach Spaß machen. Das braucht dich aber nicht davon abzuhalten, deine Kenntnisse anzuwenden und möglichst genaue Erklärungen für die Beobachtungen zu finden und auf den Leerseiten im Anhang zu notieren!

1 Brennendes Eisen

Achtung: Vor der Durchführung für eine feuerfeste Unterlage sorgen (Blechdeckel o. ä.)!
Nimm einen lockeren Bausch feine Eisenwolle und berühre diese mit den beiden Polen einer Flachbatterie:

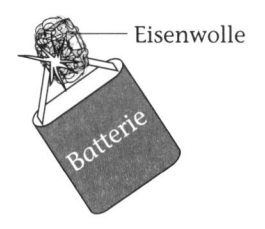

2 Zündender Funke

Achtung: Auch hier für eine feuerfeste Unterlage sorgen!
Man benutzt für diesen Versuch am besten ein „Wegwerf-Feuerzeug", bei dem das Gas verbraucht ist, aber – was meist der Fall ist – der Feuerstein noch Funken liefert; auch entsprechende Gasanzünder sind geeignet:

3 Hüpfendes Feuer

Man bläst eine Kerze aus und nähert sich **unmittelbar nach dem Ausblasen** mit einem brennenden Streichholz von oben seitlich (ca. 3–4 cm über dem Docht) den aufsteigenden Dämpfen.
Hinweis: Bei dem Versuch ist es wichtig, unnötige Luftbewegungen (Luftzug!) zu vermeiden, sodass die Dämpfe ruhig und senkrecht aufsteigen können.

4 Hitzezonen

Der Versuch funktioniert bei einiger Übung auch mit einer Kerzenflamme, besser geeignet ist jedoch die Flamme eines Gasbrenners, z. B. die eines Gasfeuerzeugs.
Für kurze Zeit (knapp 1 Sekunde) hält man ein Hölzchen (z. B. Streichholz) quer in den unteren Teil der Flamme. Was schließt du aus der Art der Verkohlung? (b)

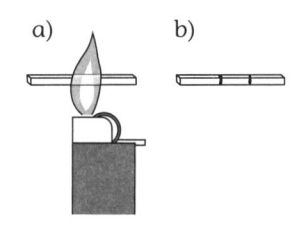

5 Zuckerzauber

Man nimmt das Zuckerstückchen am sichersten mit einer Pinzette oder Zange und sorgt für eine geeignete Unterlage, damit abtropfende flüssige Zuckermasse keinen Schaden anrichten kann.
Zunächst wird versucht, das Zuckerstück mit einem Streichholz oder Feuerzeug zu entzünden – ohne Erfolg. Dann drückt man den Zucker – am besten mit seiner Schmalseite – in etwas Zigaretten- oder Zigarrenasche und versucht ihn wieder zu entzünden.

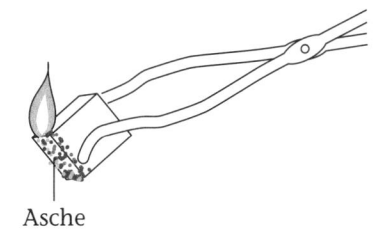

6 Tochterflamme

Für den Versuch benötigt man ein ca. 5 cm langes Glas- oder Metallröhrchen (Innendurchmesser ca. 0,5 cm). Dieses Röhrchen nimmt man mit einer Pinzette oder Zange und hält es in die Flamme einer Kerze, wie in der Skizze dargestellt. Nach kurzer Zeit kann man die an dem oberen Ende des Röhrchens entweichenden Dämpfe entzünden.

Brandschutz und Feuerlöschen

1 Besonders feuergefährlich sind Stoffe mit einer niedrigen ....

Beispiel: ....

Eine große Bedeutung hat außerdem der Zerteilungsgrad der Stoffe: ....
....

2 Wie erklärst du dir die Beobachtungen bei a und b?

a) — Benzin   b) — Heizöl

Bei a ....

Bei b ....

Flammpunkt: ....
....

Je niedriger der Flammpunkt, desto ....

3

Beim Feuerlöschen geht es grundsätzlich darum, ...
....

Gib Beispiele an!

a) Entfernen ....

b) Abkühlen unter ....

c) Verhinderung ....

4 Wende deine Kenntnisse an! Wieso erlischt die Kerzenflamme, obwohl zwischen den Windungen der Kupferdrahtspirale genug Luft zur Flamme gelangen kann?

— Spirale aus **dickem** Kupferdraht

....
....
....

Überprüfe dein Wissen

1 Erste Hilfe bei Verbrennungen

a) Die Abbildung verdeutlicht eine Grundregel für das Verhalten bei Verbrennungen:

Die Anwendung jeder Art von _____

_____

_____

b) Maßnahmen bei Verbrennungen

– Brennende Personen sofort löschen. Möglichkeiten: _____

_____

_____

– Bei Verbrühungen die Kleider zwar **rasch**, aber _____

– Die verbrannten Körperstellen sofort mit _____ übergießen oder

_____ (mindestens 10–15 Minuten!).

– Rettungsdienst alarmieren! | Notruf: _____ |

2 **Warntafeln beim Transport von gefährlichen Stoffen**

Mit solchen Schildern (Grundfarbe: _____) werden _____

versehen. Die Nummern kennzeichnen die Art der Gefahr (obere Nummer) und den transportierten Stoff (untere Nummer) ganz genau. Mithilfe des Buches kannst du das Schild „lesen":

| 30 |
| 1202 |

_____

_____

_____

_____

Wann und **für wen** kann diese genaue Kennzeichnung von großer Bedeutung sein?

_____

3 Was bedeutet dieses Zeichen? (Farbe: _____)

_____

_____

_____

Luftverunreinigung und Lufthaltung

1 Die wichtigsten Luftschadstoffe und ihre Verursacher

Schadstoffe	Ursachen für ihre Entstehung
Stickstoffoxide	
Kohlenstoffmonooxid	
Schwefeldioxid	
Kohlenwasserstoffe	
Staub / Ruß	

2 Ergänze die zutreffenden Fachausdrücke:

3 Maßnahmen zur Vermeidung oder Verringerung des Schadstoffausstoßes

a) In Kraftwerken:

b) In Kraftfahrzeugen:

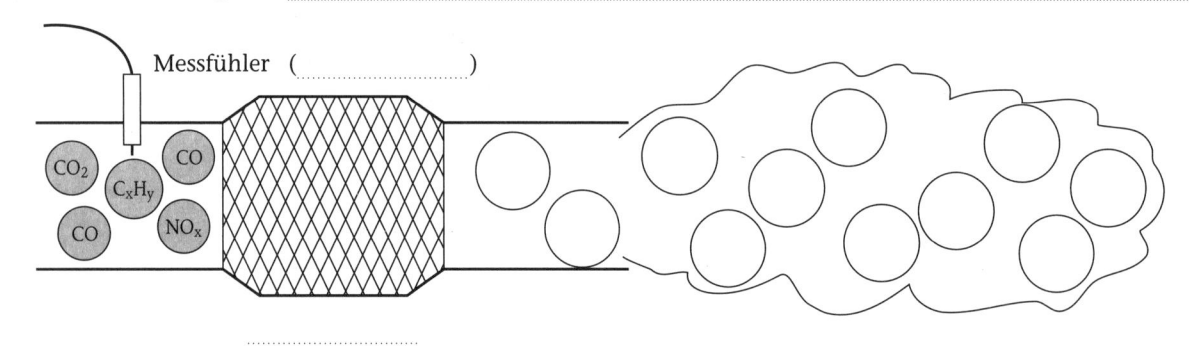

Messfühler (..................)

CO_2, C_xH_y, CO, NO_x

4 Der Kohlenstoffdioxidgehalt der Luft steigt ständig an (Gründe?). Welche negativen Auswirkungen befürchtet man?

30

Wasserstoff

1 Elementarer Wasserstoff ist _____ das häufigste Element. Auf der Erde kommt er fast nur in Verbindungen vor, z. B. _____

Gewinnung: _____

2 Die wichtigsten Eigenschaften des Wasserstoffs kann man aus dem folgenden Versuch ableiten. Trage die Beobachtungen in die Skizze ein!

a)   b)   c)

Erklärung zu b: _____

Erklärung zu c: _____

Eigenschaften: _____

3 Ein Gemisch aus Wasserstoff und Sauerstoff (bzw. _____) heißt _____

weil _____

4 Verwendung von Wasserstoff: _____

5 Dem Wasserstoff wird als Energieträger eine große Zukunft prophezeit.

Vorteile: _____

Derzeitiges Hauptproblem: _____

6 Ergänze das Schema „Solar-Wasserstoff-Projekt"! Diskutiere Vor- und Nachteile dieses Systems!

Gewinnung von _____ durch Sonnen-energie	Zerlegung von _____ durch elektrischen Strom	Speicherung von _____	Energiefreisetzung durch _____

31

Reduktion als Sauerstoffabgabe

1 Silberoxid ist eine Verbindung aus Silber (Ag = einwertig) und _____ . Formel: _____

Wird Silberoxid erhitzt, so wird es _____

Formelgleichung: _____

Wir haben also dem Silberoxid den _____ entzogen, wir haben Silberoxid _____ .

_____ ist die Umkehrung der _____ !

2 Um eine Verbindung zu reduzieren benötigen wir meist „Hilfsstoffe", die den Sauerstoff _____

_____ Man nennt solche Stoffe _____

Beispiel: Herstellung von Kupfer aus Kupferoxid. Trage deine Beobachtungen in die Skizzen ein:

a) Versuchsbeginn   b) Versuchsende

Kupferoxid + Wasserstoff ⟶ _____ + _____

_____ + _____ ⟶ _____ + _____

3 Dem Kupferoxid wurde _____ entzogen, es wurde _____

Gleichzeitig wurde der Wasserstoff _____

Reduktion und Oxidation sind immer _____

> Reduktion: _____
>
> Oxidation: _____
>
> Reduktionsmittel: _____
>
> Oxidationsmittel: _____

4 PbO = _____ reagiert mit _____ = Kohlenstoff (= vierwertig).

Formuliere: _____

Oxidationsmittel ist hier _____ Reduktionsmittel ist _____

Überprüfe dein Wissen

Die gesuchten Wörter stammen alle aus den Themenkreisen „Verbrennung – Sauerstoff – Luft".
Die stark umrandeten Felder ergeben von oben nach unten gelesen einen wichtigen Begriff!

1. Sauerstoffverbindung
2. Reaktion von Stoffen mit Sauerstoff
3. Sehr reaktionsträge Stoffe
4. Bekanntes Oxidationsmittel
5. Vorratsbehälter für Gase
6. Niedrigste Temperatur, bei der sich über einer Flüssigkeit an Luft brennbare Dämpfe bilden
7. Trennvorgang
8. Sehr leichtes Gas
9. Hauptbestandteil der Luft
10. Vereinigung von Stoffen
11. Temperatur, bei der ein Stoff vom flüssigen in den gasförmigen Zustand übergeht
12. Gas, das durch Trübung von Kalkwasser nachgewiesen wird
13. Energiebetrag, der notwendig ist, um eine chem. Reaktion in Gang zu bringen
14. Andere Bezeichnung für Gemisch
15. Beispiel für eine stille Oxidation
16. Häufigstes Edelgas der Luft
17. Edelgas
18. Fachausdruck für Verbrennung
19. Häufigstes Element der Erdrinde
20. Sehr schneller Verbrennungsvorgang
21. Einfacher Sauerstoffnachweis
22. Bekanntes Edelgas
23. Wichtige Wärmequelle in Laboratorien
24. Oxidationsvorgang in Lebewesen
25. Stoffe, die leicht Sauerstoff abgeben
26. Temperatur, bei der der Verbrennungsvorgang einsetzt.

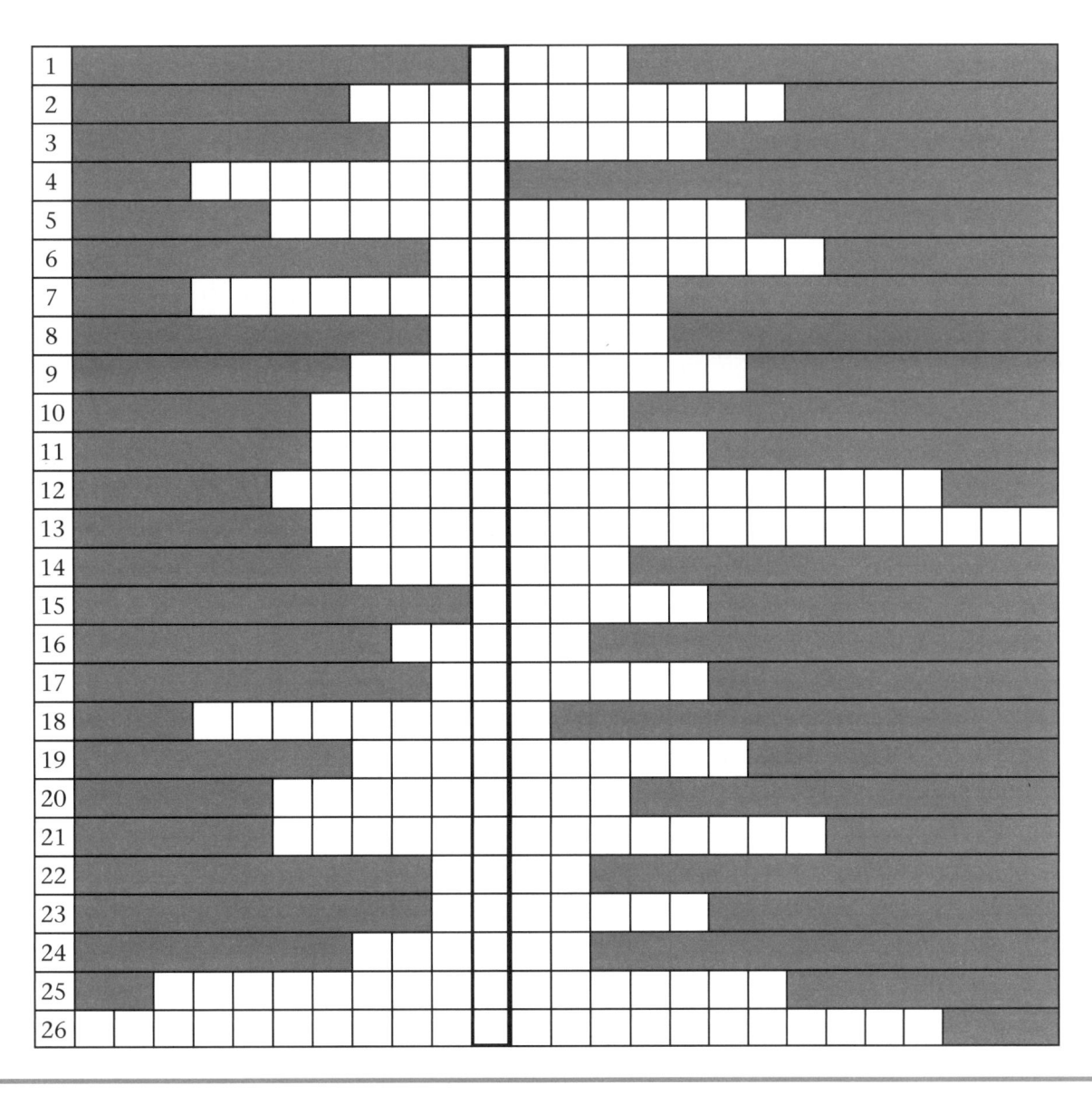

Das Kern-Hülle-Modell des Atoms

1 Welcher berühmte Versuch zeigte, dass es sich bei den Atomen nicht um massive Kugeln (............................... -Modell!) handeln kann? ....

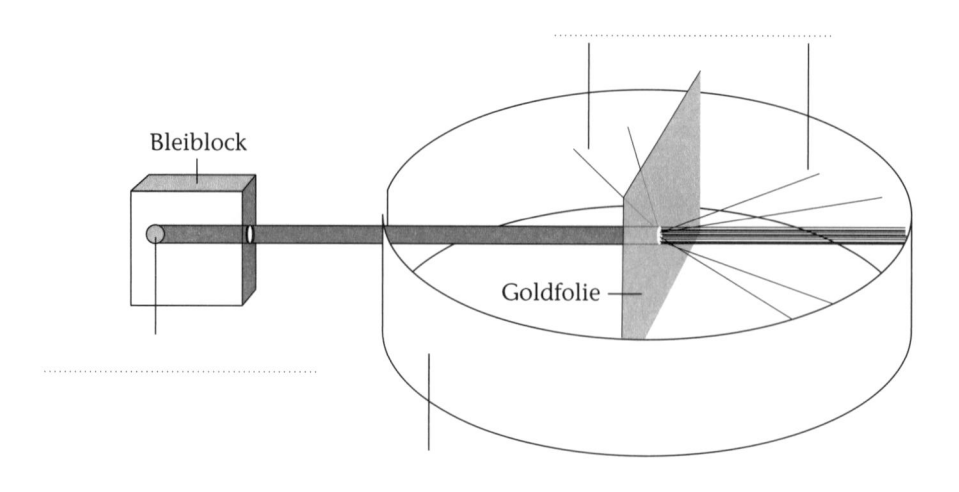

Bleiblock

Goldfolie

2

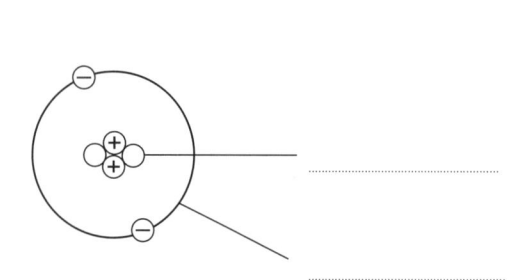

Atombausteine	Symbol	Relative Masse	Ladung

3 Ein Atom ist nach außen hin elektrisch neutral, wenn ....

4

Anzahl der Protonen = ...

Im elektrisch neutralen Atom ist die Anzahl der Protonen gleich der Anzahl der ....

5 Die folgende Schreibweise enthält die wichtigsten Atomkennzahlen. Ergänze:

$${}^{19}_{9}F$$

Anzahl der Protonen: ....

Anzahl der Elektronen: ....

Anzahl der Neutronen: ....

Der Aufbau der Atomhülle (Atommodell nach _____)

1 Präge dir die folgenden Punkte (a–e) gut ein!

a) Die Bausteine der Atomhülle (_____) bewegen sich auf bestimmten Bahnen

(_____). Von innen nach außen: 1., 2., 3., ... Schale

b) Jede Schale entspricht einem bestimmten _____

Elektronen auf einer vom Kern weiter entfernten Schale sind energieärmer/energiereicher als die der kernnäheren Schale(n). (Falsches streichen!)

c) Jede _____ kann nur eine bestimmte Höchstzahl an _____ aufnehmen. Berechnung nach der Formel _____ (n = die Nummer der Schale, von _____ nach _____ gezählt.)

Die gepunkteten Kreise deuten Elektronenschalen an. Ergänze die Besetzung mit Elektronen:

$^{7}_{3}Li$ $^{19}_{9}F$ $^{23}_{11}Na$

2 Vereinfachte Schreibweise für die Elektronenverteilung:

F	C	Cl	Ne	Na	O	Mg
(2, 7)	(___)	(___)	(___)	(___)	(___)	(___)

3

d) Die Elektronen auf der Außenschale (_____) sind für chemische

Reaktionen _____

e) Die _____ eines Atoms ist mit _____ Elektronen besetzt.

4 Häufig wird die Anzahl der Außenelektronen mit Punkten angegeben. Beispiele:

H   Na   Mg   Al   C   N   O   Cl   Ne

* 5 Durch Energiezufuhr (z. B. _____) können Elektronen _____

_____

Beim „Zurückfallen" auf ihre alte Bahn wird

_____

35

Das Periodensystem der Elemente

1 Im PSE sind die chemischen Elemente systematisch angeordnet:

a) Anordnung nach _____

b) Elemente mit gleicher Anzahl von Außenelektronen _____

> Die waagrechten Zeilen nennt man _____
>
> Die senkrechten Zeilen nennt man _____

2

> Die Gruppennummer ≙ _____

Vergleiche die Elektronenhüllen der Elemente einer Hauptgruppe!

Gleich: _____

Verschieden: _____

3

> Die Periodennummer ≙ _____

Vergleiche die Elektronenhüllen der Elemente einer Periode!

Gleich: _____

Verschieden: _____

Innerhalb einer Periode werden die Atomradien der Elemente von links nach rechts immer kleiner/größer (Nichtzutreffendes streichen).

Begründe: _____

*4 Bei den Nebengruppenelementen erfolgt ein Ausbau _____ während die Zahl der _____ gleich bleibt.

Beispiel: Scandium Sc 2, 8, 9, 2 bis Zink Zn 2, 8, 18, 2

5 Das PSE wurde in seinen Grundzügen schon vor mehr als _____ Jahren von _____ und _____ aufgestellt.

* Metalle und Nichtmetalle im Vergleich

1 Sucht man im PSE Metalle und Nichtmetalle, so fällt auf:

Links _____

Rechts _____

Die Elemente dazwischen bezeichnet man als _____

2 Innerhalb einer Periode steigt die Ordnungszahl, d.h. die Anzahl der _____ = Zahl der _____ Ladungen. Die Außenelektronen der im PSE links stehenden Elemente können daher leichter/schwerer abgegeben werden (Nichtzutreffendes streichen); das ist typisch für _____ . Die im PSE rechts stehenden Elemente nehmen gern _____ ; das ist typisch für _____

3 Der Metallcharakter (= Tendenz, Elektronen _____) nimmt innerhalb einer Gruppe von oben nach unten ab/zu. Begründung: _____

Wo finden wir demnach im PSE das „typischste" Metall? _____

das „typischste" Nichtmetall? _____

4 Untersuche verschiedene Metalle, um ihre typischen Eigenschaften herauszufinden:

– _____
– _____
– _____
– _____

Nenne Beispiele, wo und wie man diese Eigenschaften nutzt!

5 Nenne einige Nichtmetalle: _____

Wieso fällt es schwer, typische Nichtmetalleigenschaften anzugeben?

_____

6 Halbmetalle zeigen teils _____ , teils _____ Eigenschaften.

Einige von ihnen (v.a. _____) haben in der modernen Elektronik große Bedeutung erlangt.

Überprüfe dein Wissen

1 Wer kombiniert richtig?

Lehrer Kundig verteilt an sechs Schüler je ein Referat über die Elemente Sauerstoff, Chlor, Neon, Natrium, Schwefel und Magnesium. Die Schüler sollen selbst herausbekommen, welches Element er ihnen zugeteilt hat, indem sie seine Informationen richtig kombinieren. Hilf ihnen dabei!

a) Das Element von Max ist bei Raumtemperatur gasförmig.
b) Das Element von Monika hat weniger als drei Schalen.
c) Das Element von Patrick hat mehr als 12 Protonen im Kern.
d) Das Element von Felix gibt gerne Außenelektronen ab.
e) Die Elemente von Claudia und Monika haben die gleiche Anzahl an Außenelektronen.
f) Das Element von Susanne ist nicht zweiwertig.

Max	Claudia	Patrick	Monika	Felix	Susanne

Es hilft dir beim Kombinieren sehr, wenn du vor der Bearbeitung folgende Ergänzungen einträgst: Symbole der Elemente, sowie jeweils die Ordnungszahl (PSE!) und die Elektronenverteilung!

Sauerstoff: $_8$O (2, 6)   Natrium: ....   Chlor: ....

Magnesium: ....   Neon: ....   Schwefel: ....

2 In einem alten Chemiebuch sind Elemente als „Einsiedler" dargestellt (s. Abb.).

a) Um welche Elementfamilie handelt es sich?

b) Inwiefern ist der Vergleich mit Einsiedlern berechtigt?

Die Atombindung (= _____)

1 Die Edelgase sind äußerst reaktionsträge, d.h. die Atome von Edelgasen _____

_____ . Was ist an ihnen Besonderes?

Nur sie besitzen _____ Außenelektronen (bzw. _____ beim _____); dies stellt offen-

sichtlich einen besonders _____ = _____ Zustand dar.

2 Als besonders fruchtbar erwies sich folgende Vermutung:

> Atome reagieren miteinander, um ebenfalls _____

Welche grundsätzlichen Möglichkeiten kannst du dir vorstellen, wie dieses Ziel erreicht werden könnte?

Nimm dabei z. B. die Elektronenanordnung des Chloratoms zu Hilfe: Cl (_____)

3 So erreicht jedes Chloratom sein „Oktett":

$$:\ddot{Cl}\cdot \ + \ \cdot\ddot{Cl}: \longrightarrow \ _____ + \text{Energie}$$

oder: $|\overline{Cl}\cdot \ + \ _____ \longrightarrow _____$

Die dabei frei werdende Energie nennt man _____

> Die Atombindung beruht auf _____

Weitere Beispiele:

4 Auch Mehrfachbindungen (_____ oder _____ gemeinsame Elektronenpaare) sind möglich:

Die polare Atombindung

1 Bei zwei gleichen Atomen verteilt sich das bindende Elektronenpaar ....

....

Verbinden sich zwei verschiedene Atome, so wird das bindende Elektronenpaar ....

....

Folge: Beim .... -Atom ist dann ein Überschuss an negativer Ladung, beim .... -Atom ein Mangel, d.h.

die positive Ladung der .... ist nicht genau ausgeglichen – die Atombindung ist ....

Schreibweise: .... oder ....

δ+ bedeutet .... , δ– bedeutet ....

2 Ein Dipolmolekül hat ....

3 Die Ablenkung eines Wasserstrahls durch einen geladenen Stab beweist, dass ....

....

a) Welches der angegebenen Modelle für Wassermoleküle kann demnach nur zutreffend sein?

b) Ergänze in der nebenstehenden Skizze die Wassermoleküle (Wasserstoffatome, Teilladungen).

c) Schreibe die Elektronenformel (Strichformel) für das Wassermolekül und gib die Teilladungen an:

4 Bei mehratomigen Molekülen kommt es auf .... an, ob ein Dipol entsteht.

Entscheide, ob Dipol-Moleküle vorliegen (Elektronenverschiebungen mit Pfeilen einzeichnen!):

H–N(–H)–H, H unten

O–C–O

H oben, Cl–C–Cl, Cl unten

* Wasser – ein besonderer Stoff

1 In mancherlei Hinsicht ist Wasser – chemisch betrachtet – einzigartig!
Die Besonderheiten lassen sich alle auf seine Molekülstruktur zurückführen. Ergänze!

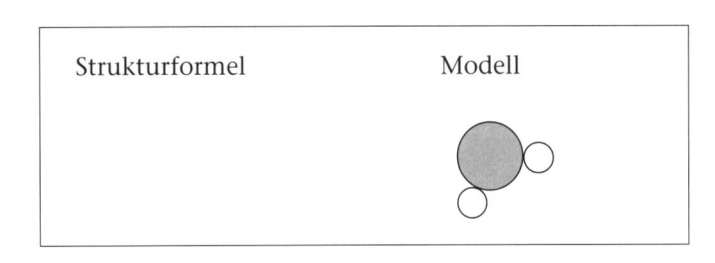

Strukturformel	Modell

2 Stelle die Anziehungskräfte zwischen

Wassermolekülen (..

....) dar:

3 Besonderheiten des Wassers und ihre Deutung

a) Wasser hat einen ungewöhnlich hohen Schmelz- und Siedepunkt. Erkläre:

....

....

b) Festes Wasser (Eis) schwimmt auf flüssigem Wasser. Erkläre: ....

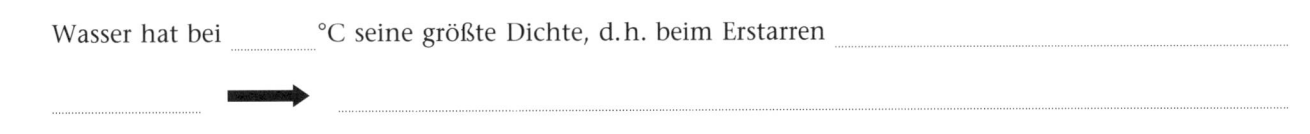

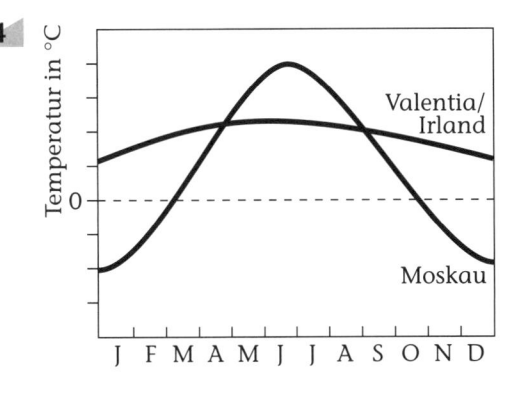

....

Wasser hat bei ....°C seine größte Dichte, d.h. beim Erstarren ....

→ ....

4 (Hinweis: Beide Städte des Diagramms liegen etwa auf demselben Breitengrad!)

Wasser hat eine sehr hohe ....

Welche Bedeutung hat diese Eigenschaft für das Klima?

....

....

Moskau: ....

Valentia: ....

(Ergänze links den Klimatyp!)

41

Die Ionenbindung

1 Versuchsbeschreibung: Natrium wird erhitzt (Zweck?) und dann

schnell ....

....

Beobachtungen:

a) ....

b) ....

Deutung:

      Na   +   Cl   ⟶   ....

  (..............) (..............)   ....

      Na   +   Cl   ⟶   ....

Das ....-Atom entreißt dem ....-Atom sein .... Dabei entstehen

geladene Teilchen (........................), weil die unverändert gebliebene Anzahl von ....

Ladungen nicht mehr ausgeglichen wird. Der Zusammenhalt der .... wird durch ....

.... bewirkt.

2

Durch Abgabe oder Aufnahme von .... entstehen aus Atomen ....

Diese haben völlig andere/ähnliche/gleiche Eigenschaften wie die entsprechenden ungeladenen Teilchen. (Nichtzutreffendes streichen!)

3 Übung:

a) Calcium reagiert mit Chlor: ....

b) Magnesium reagiert mit Sauerstoff: ....

c) Natrium reagiert mit Schwefel: ....

d) ....

e) ....

4

Die Zahl der positiven oder negativen Ladungen eines Ions wird .... genannt.

Überprüfe dein Wissen

Ergänze, ohne das Buch zu benutzen!

O   (6 Außenelektronen)
H   (kleinster Atomradius)
Cs (6 Elektronenschalen)
C   (6 Protonen)
S   (6 Außenelektronen; 3 Schalen)
Xe (8 Außenelektronen)
Ca (2 Außenelektronen)

	I	II	III	IV	V	VI	VII	VIII
1								He
2	Li	Be	B		N		F	Ne
3	Na	Mg	Al	Si	P		Cl	Ar
4	K		Ga	Ge	As	Se	Br	Kr
5	Rb	Sr	In	Sn	Sb	Te	I	
6		Ba	Tl	Pb	Bi	Po	At	Rn

Hinweis zu den folgenden 2 Aufgaben: „Innerhalb einer Periode" meint von „links nach rechts", „innheralb einer Gruppe" meint von „oben nach unten".

Unterstreiche die richtigen Sätze jeweils in der gleichen Farbe!

			die Zahl der Protonen	
	einer Periode		die Zahl der Elektronen	zu.
Innerhalb		nimmt		
	einer Gruppe		die Zahl der Außenelektronen	ab.
			die Zahl der Elektronenschalen	

Unterstreiche die richtigen Sätze jeweils in der gleichen Farbe!

	einer Periode		stärker angezogen.	⇒		zu.
Innerhalb		werden die Außenelektronen vom Kern			Der Metallcharakter nimmt	
	einer Gruppe		schwächer angezogen.			ab.

Unterstreiche die richtigen Sätze jeweils in der gleichen Farbe!

                        Neutronen

Metallatome	geben	Elektronen	ab		positiv geladene Ionen.
				und es entstehen	
Nichtmetallatome	nehmen	Außenelektronen	auf		negativ geladene Ionen.

                        Protonen

Aufbau und Eigenschaften von Ionenverbindungen

1 Die Anziehungskräfte, die entgegengesetzt geladene Ionen aufeinander ausüben, wirken ....

Folge: Ionen schließen sich zu ....

> Die regelmäßig angeordneten Ionen bilden ein .... Sie werden durch ....
>
> an ihren ....

2
> Gitterenergie: ....

3 Die Formel NaCl bedeutet **nicht** ....

sondern: ....

Beispiel $MgCl_2$: ....

4
> Verbindungen, die aus Ionen aufgebaut sind, nennt man ....

Nenne einige typische Eigenschaften von Ionenverbindungen, die sich aus ihrem Aufbau erklären lassen:

– .... – ....

– .... – ....

5 Durch ausreichende Energiezufuhr kann das Ionengitter zerstört werden, es entstehen ....

Nachweis: ....

Lösen von Salzen in Wasser

1 Will man das Auflösen eines Ionenkristalles in Wasser verstehen, muss man sich den besonderen Bau der Wassermoleküle vergegenwärtigen. Wassermoleküle sind

_____ (Ergänze die Skizzen!)   vereinfacht:

Die Umhüllung der Ionen mit Wassermolekülen nennt man _____

Durch die Hydrathülle wird die gegenseitige Anziehung _____

_____

2 Beim Lösungsvorgang ist Energie beteiligt:

Zum Zerstören des Gitters wird Energie _____

Beim Umhüllen der Ionen mit Wassermolekülen wird Energie _____

Hydratisierungsenergie: _____

_____

Überprüfung: _____ beim Auflösen von _____

_____ beim Auflösen von _____

Erwärmung, wenn _____

Abkühlung (oder Unlöslichkeit), wenn _____

3 $NaCl \xrightarrow{H_2O}$ _____ $CuCl_2 \xrightarrow{H_2O}$ _____

  $Na_2S \xrightarrow{H_2O}$ _____ $FeBr_3 \xrightarrow{H_2O}$ _____

Überprüfe dein Wissen

Lösen von Salzen

1. Beschrifte die Symbole rechts und ergänze die fehlenden Teilladungen!

2. Zeichne die fehlenden Abbildungen, die zum Endzustand führen! Ergänze den Text!

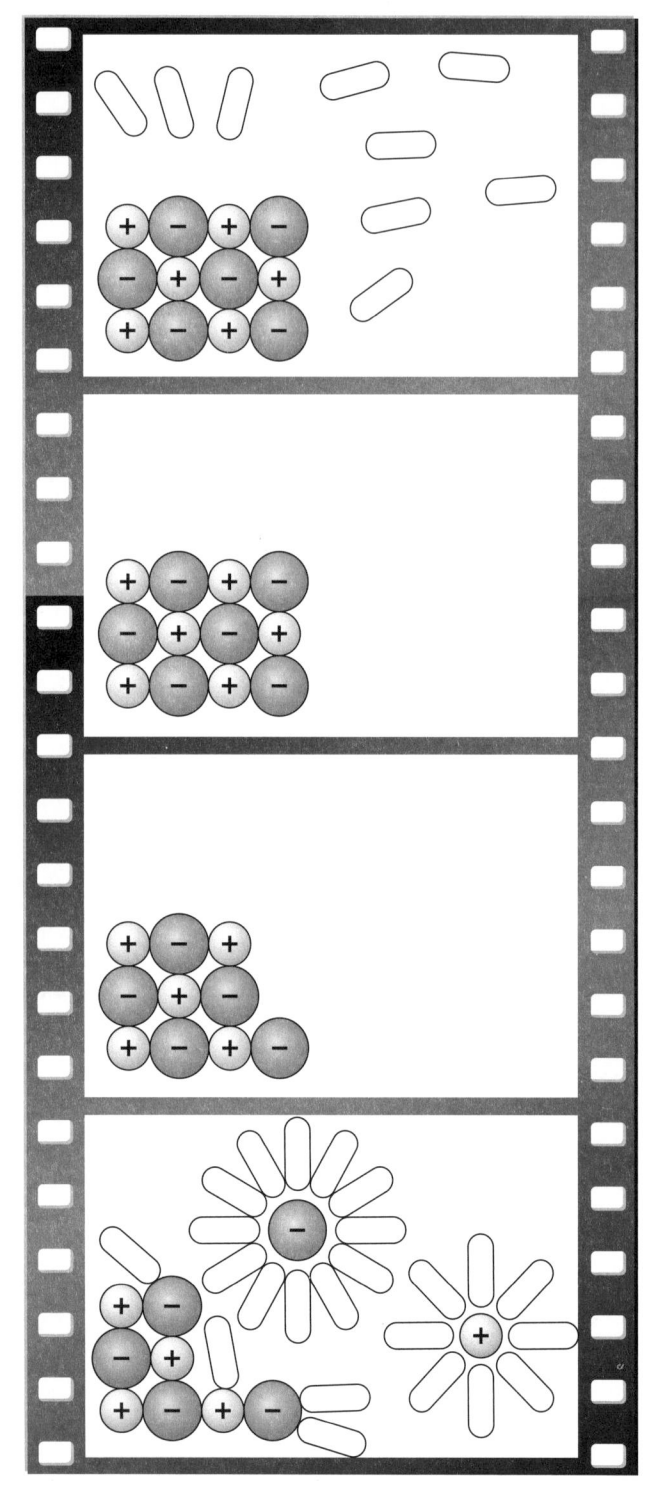

Wenn ein Salzkristall in Wasser gegeben wird, lagern sich die .... als .... an die Oberfläche und Kanten des Kristalls.

An die negativ geladenen Ionen des Salzes ist der .... Pol und an die positiv geladenen Ionen des Salzes der .... Pol der Wassermoleküle gerichtet.

An der Oberfläche des Kristalls treten zwischen .... molekülen und .... ionen Wechselwirkungen auf. Dadurch verringert sich die .... dieser Ionen zu benachbarten Ionen, sodass sie den Gitterverband verlassen können.

Die Ionen werden von weiteren Wassermolekülen vollständig umhüllt (und können sich jetzt im Wasser frei bewegen).

Dieser Vorgang wird .... genannt. Die dabei frei werdende Energie bezeichnet man als ....

46

Experimente zum Selbermachen

Einfache Verfahren zur Kristallherstellung

1 Kristalle durch langsames Verdunsten des Lösemittels

Man stellt sich eine konzentrierte Kupfersulfatlösung her und gibt diese ca. 1–2 cm hoch in eine flache Schale; Plastikschalen mit **glatter** Innenfläche sind gut geeignet, aber auch Gefäße aus Glas mit flachem Boden. Dann lässt man die Lösung an einem ruhigen Ort mit möglichst gleichmäßiger Temperatur langsam eindunsten. Es scheiden sich allmählich bis zu ca. 5 cm große, rautenförmige Kupfersulfatkristalle ab. Wenn die Gefahr besteht, dass mehrere Kristalle miteinander verwachsen, nimmt man einige schön ausgebildete Kristalle vorsichtig heraus, gießt die Lösung (ohne Bodensatz!) in ein anderes Gefäß und lässt die ausgesuchten Kristalle darin als „Keime" weiterwachsen.
Hinweise: Nicht alle Substanzen eignen sich gleich gut für diese Methode, verschiedene überhaupt nicht. Bei manchen ist es notwendig, einige „Impfkriställchen" zuzugeben. Kupfersulfat ist keine gefährliche Substanz, trotzdem musst du damit (wie mit allen Chemikalien!) sorgfältig umgehen, vor allem nichts in den Mund nehmen!!

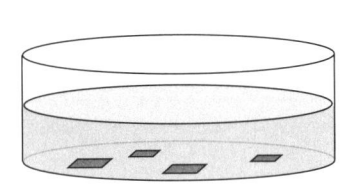

Beispiel: Kupfersulfat

2 Kristalle aus heißen, konzentrierten Lösungen

Man gibt ca. 30 g Kaliumnitrat („Kalisalpeter") in 50 ml Wasser und erhitzt, bis sich das Salz vollständig aufgelöst hat. Dann lässt man die Lösung langsam abkühlen: Es wachsen sehr schöne, mehrere Zentimeter lange, prismatische Kristalle in die Lösung.
Weitere gut geeignete Salze: Magnesiumsulfat, Seignettesalz, Natriumthiosulfat („Fixiersalz"), Oxalsäure, Alaun.
Hinweise: Ganz allgemein gilt, dass die Kristalle umso schöner werden, je langsamer die Lösung eindunstet (s. 1) oder sich abkühlt (s. 2). Zum Auflösen der Salze ist immer „destilliertes Wasser" oder – im Notfall – gefiltertes Regenwasser bzw. Abtauwasser vom Kühlschrank zu nehmen.

3 Kristallbilder

Im einfachsten Fall nimmt man eine Glasplatte, bestreicht sie mit einer Magnesiumsulfatlösung und lässt sie dann langsam eintrocknen. Will man Bilder herstellen, die man einige Zeit aufhebt, empfiehlt sich folgendes Vorgehen: Man reinigt eine Glasplatte der gewünschten Größe sorgfältig und wischt sie zum Schluss mit Aceton (oder Reinigungsbenzin) ab, damit sie fettfrei ist und die Salzlösung sich überall gleichmäßig ausbreiten kann.
Dann begrenzt man den gewünschten Ausschnitt, indem man Klebestreifen (z. B. Tesafilm) aufklebt. Das hat den Vorteil, dass die Flüssigkeit nicht über den Rand hinausläuft und außerdem erhält man nach dem Abziehen der Klebestreifen saubere Bildbegrenzungen. Auf die vorbereitete Glasplatte bringt man eine 10–20%ige Lösung (verschiedene Konzentrationen ausprobieren!) und lässt die Platte an einem geeigneten Ort waagrecht zum Auskristallisieren des Salzes liegen. Will man das Bild länger aufheben, empfiehlt es sich, eine dünne Schicht eines Klarlackes (z. B. Zaponlack) aufzusprühen, damit der Zutritt von Feuchtigkeit verhindert wird.

* Die metallische Bindung

1 Wir finden die Metalle im PSE _____ und _____, d.h. Metalle haben _____ Außenelektronen und können diese im Allgemeinen _____

Überlege, welche Möglichkeiten ein Natriumatom hat, zu einer stabilen Außenschale zu gelangen!

Elektronenanordnung Na (_____).

2

Vorstellung vom Aufbau der Metalle (_____):

○ ○ ○ ○ ○ ○   Metallgitter aus _____ geladenen
○ ○ ○ ○ ○   _____ und den abgegebenen
○ ○ ○ ○ ○

Diese Modellvorstellung erklärt typische Metalleigenschaften:

– _____

– _____

– _____

– _____

3 Die elektrische Leitfähigkeit der Metalle beruht auf _____

Beim Anlegen einer Spannung wandern die frei verschiebbaren _____ zum _____ Pol der Spannungsquelle, vom _____ Pol werden _____ nachgeliefert (ⓐ):

ⓐ

ⓑ

Beim Erhitzen des Metalls geraten die _____ in stärkere Schwingungen und _____ den Elektronenfluss ⇒ _____ (ⓑ).

48

Bindungstyp und Eigenschaften

Atombindung	Ionenbindung	*Metallbindung
	Die Bindung erfolgt zwischen	
Atomen von	Atomen von	Atomen von ....
Atome werden durch .... miteinander verbunden, z. B.: ⇒ Bildung von	Atome werden durch .... bzw. .... von .... zu Ionen. ⇒ Bildung von	Durch Abgabe von .... entstehen .... geladene Atomrümpfe im negativen .... ⇒ Bildung von ....

Schmelz- und Siedepunkte

Verformbarkeit

Elektrische Leitfähigkeit

destilliertes Wasser (Zucker, Alkohol u.a.)			Metall

49

Überprüfe dein Wissen

Silbenrätsel

Aus den folgenden Silben sind 14 Wörter der nachstehenden Bedeutung zu bilden. Gelingt dir das ohne Schwierigkeit, so trifft für dich zu, was die Anfangsbuchstaben der gesuchten Wörter ergeben!

auf – be – chen – dell – di – elek – elek – en – en – er – er – gie – gie – git – git – gung – io – in – ka – ka – le – li – ly –

me – me – me – mo – mo – na – nah – nen – nen – nen – nen – neu – nicht – sa – sal – sal – se – syn – ta – tal – tei –

teil – ter – ter – ter – the – ther – tor – tor – tri – tro – tro – tro – um – uni – ver – ze

1. Energie, die beim Zusammenlagern von positiven und negativen Ionen frei wird
2. Wichtiger Indikator
3. Vorstellung vom Feinbau der Stoffe
4. Schalenbausteine
5. Reaktionsbeschleuniger
6. Merkmal einer chemischen Reaktion
7. Kernbausteine ohne elektrische Ladung

8. Element der 1. Hauptgruppe des PSE
9. Temperaturmessgerät
10. Stoffe, die gern Elektronen aufnehmen
11. Anordnung der Ionen in Kristallen
12. Stoffaufbau
13. Ionenverbindungen
14. Vorgang, bei dem negativ geladene Ionen entstehen

1.
2.
3.
4.
5.
6.
7.

8.
9.
10.
11.
12.
13.
14.

Bilderrätsel: Das gesuchte Wort ist die Bezeichnung für die systematische Anordnung der chemischen Elemente.

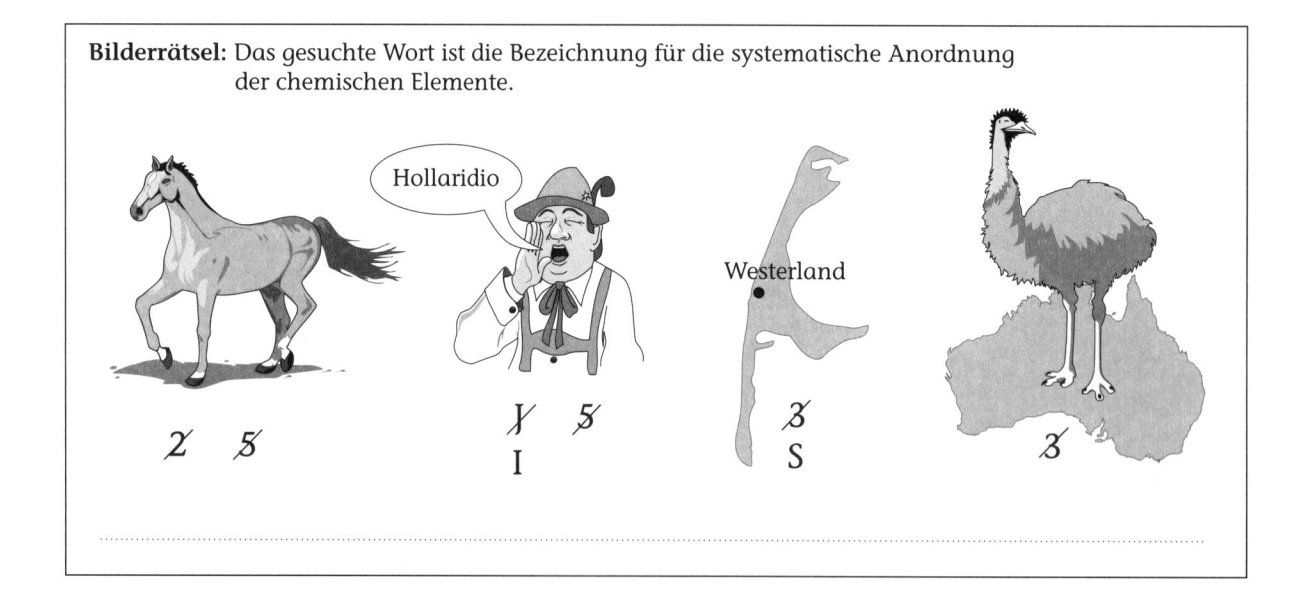

50

Was sind Säuren?

1 Nenne Säuren, die dir aus dem Alltag bekannt sind! Welche gemeinsamen Eigenschaften kannst du ihnen zuschreiben? Versuche eine Definition für Säuren zu geben!

2 Beispiele für Säuren:

Chlorwasserstoff ....

Schwefelsäure ....

Salpetersäure ....

Phosphorsäure ....

allgemein: ....

Alle Säuren enthalten demnach das Element ....

3 Notiere die Versuchsergebnisse!

Reine .... säure + Indikator: ....

Leitfähigkeitsmessung: Reine .... säure: ....

.... säure + Wasser + Indikator: ....

Leitfähigkeitsmessung: .... säure + Wasser: ....

Entsprechende Versuche mit anderen Säuren (z. B. Citronensäure, Propansäure, ...)

zeigen ....

Ergebnis: ....

4

H—R $\longrightarrow$ ....

Merke: Bei Salzen sind die Ionen bereits ...., beim Lösen von

Säuren ....

5

Säuren sind Verbindungen, die ....

6

Nachweis von ....

51

Wichtige Säuren und ihre Lösungen

1 Bei der Reaktion einer Säure mit Wasser entstehen _____

Säurename (wasserfreie Säure)	Formel	wässrige Säurelösung	Name des Säurerest-Ions
Chlorwasserstoff		$\xrightarrow{H_2O}$	
Salpetersäure		$\xrightarrow{H_2O}$	
Schwefelsäure		$\xrightarrow{H_2O}$	
Phosphorsäure		$\xrightarrow{H_2O}$	
Kohlensäure		$\xrightarrow{H_2O}$	
		$\xrightarrow{H_2O}$	

2 Eigenschaften von wässrigen Säurelösungen:

Vorsicht!
Ab einer gewissen Konzentration können Säurelösungen _____ wirken!

3 „Salzsäure" ist die Lösung von _____

Handelsformen der Salzsäure: _____

Verwendung von Salzsäure: _____

4 Verwendung weiterer wichtiger Säuren bzw. ihrer Lösungen:

52

Reaktionen von Säurelösungen mit Metallen

1 Salzsäure wird zu folgenden Metallen gegeben: Cu Mg Zn Ag Al

Umrahme die Metalle, bei denen eine Reaktion zu beobachten ist!

Wir bezeichnen diese als _____ . _____ und _____ sind _____ .

Bei dem entweichenden Gas handelt es sich um _____

2 Statt Salzsäure werden andere Säurelösungen verwendet. Ergebnis:

```
┌─────────────────────────────────────────────────────────────┐
│                                                             │
│                                                             │
│                                                             │
└─────────────────────────────────────────────────────────────┘
```

3 Der bei den Versuchen frei werdende _____ entsteht durch _____

_____ . Die benötigten _____ stammen von den _____

Beispiel: _____

Die Säurerest-Ionen (z. B. _____ bei Verwendung von Salzsäure) sind bei der Reaktion nicht beteiligt. Sie vereinigen sich beim Eindampfen mit _____

Gesamtgleichung: _____

Allgemein gilt also:

```
┌─────────────────────────────────────────────────────────────┐
│                                                             │
│                                                             │
│                                                             │
└─────────────────────────────────────────────────────────────┘
```

4 Übungen:

Experimente zum Selbermachen

Eigenschaften von wässrigen Säurelösungen

Verwende als Säurelösungen verdünnte Citronensäure, Ascorbinsäure, Essigsäure oder Salzsäure (stark verdünnt! Schutzbrille!).

1. Säurelösungen und Indikatoren

Gib zu Säurelösungen Universalindikator oder Blaukrautsaft! Teste auch andere Pflanzenfarbstoffe (z. B. Schwarzer Tee, Ligusterbeeren-Saft, Rote-Beete-Saft, ...).

Ergebnis:

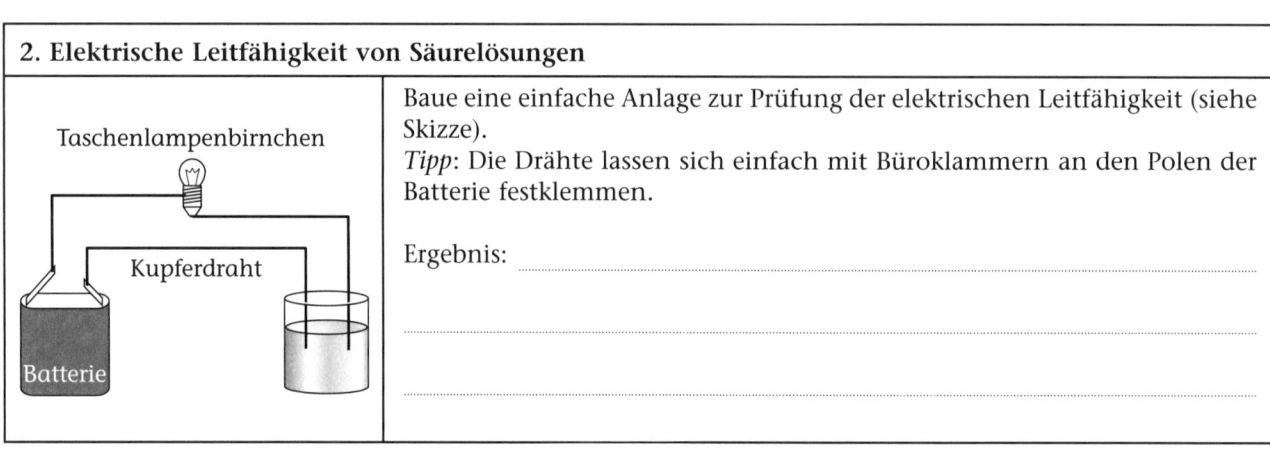

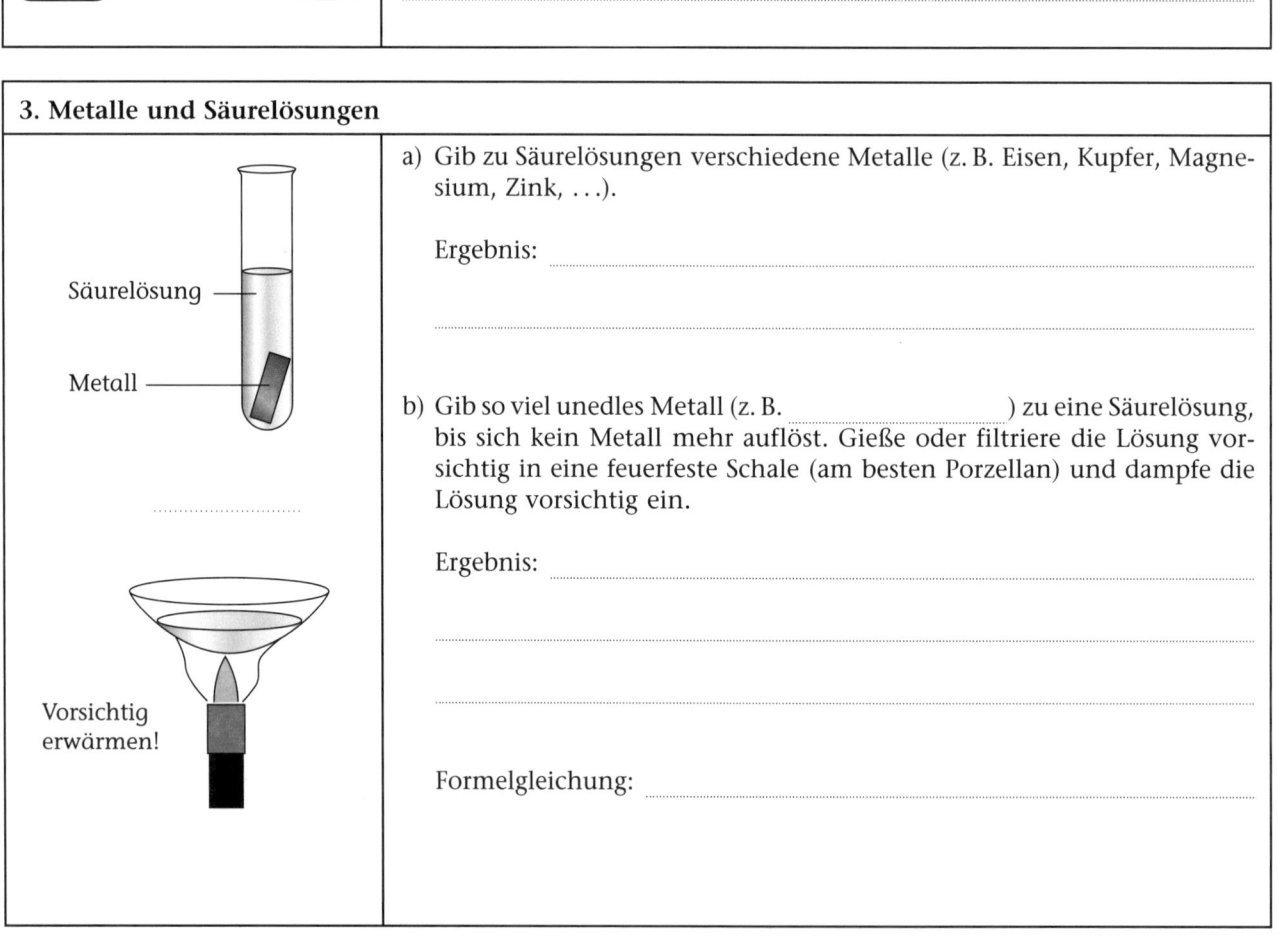

2. Elektrische Leitfähigkeit von Säurelösungen

Taschenlampenbirnchen
Kupferdraht
Batterie

Baue eine einfache Anlage zur Prüfung der elektrischen Leitfähigkeit (siehe Skizze).
Tipp: Die Drähte lassen sich einfach mit Büroklammern an den Polen der Batterie festklemmen.

Ergebnis:

3. Metalle und Säurelösungen

Säurelösung
Metall

Vorsichtig erwärmen!

a) Gib zu Säurelösungen verschiedene Metalle (z. B. Eisen, Kupfer, Magnesium, Zink, ...).

Ergebnis:

b) Gib so viel unedles Metall (z. B. _____) zu eine Säurelösung, bis sich kein Metall mehr auflöst. Gieße oder filtriere die Lösung vorsichtig in eine feuerfeste Schale (am besten Porzellan) und dampfe die Lösung vorsichtig ein.

Ergebnis:

Formelgleichung:

54

Wichtige Säuren und ihre Salze

1 Salze erhält man unter anderem bei der Umsetzung von ....
.... Daneben entsteht ....

Die Zusammensetzung des Salzes ergibt sich ....

und ....

2 Bei der Reaktion von .... mit einem unedlen Metall entstehen ....
.... sind die Salze der .... Sie enthalten
.... als Bausteine im Ionengitter.

Beispiel: ....
....

3 Weitere Beispiele für .... : ....
....

4 Einige wichtige Säuren und ihre Salze im Überblick

Säurename	Formel	Säurerest-Ion Bezeichnung der Salze	Beispiele für Salze
Chlorwasserstoff			
Salpetersäure			
Schwefelsäure			
Kohlensäure			
Phosphorsäure			

Was sind Laugen?

1 Laugen zeigen eine Reihe übereinstimmender Eigenschaften:

– ....

– ....

– ....

– ....

Ähnlich wie bei den Säurelösungen lässt dies auf einen gemeinsamen Bestandteil schließen!

Lösungen, die .... enthalten, nennt man ....

2 Laugen kann man durch Auflösen von .... herstellen. Beispiel:

NaOH ⎯⎯→ ....

....

Natronlauge ist eine sehr starke Lauge und wird in der Technik viel verwendet. Auch in Haushaltsreinigern findest du sie: ....

Du findest darauf ein Warnzeichen (**Gefahrensymbol**), das **sehr ernst zu nehmen ist**!
Zeichne oder klebe dieses Warnzeichen in das nebenstehende Feld.

3 Weitere wichtige Hydroxide bzw. Laugen:

a)   KOH   ⎯⎯→   ....

....

b) ....   ⎯⎯→   ....

Calciumhydroxid

.... ist ein Nachweis-Reagenz für ....

c) ....

....

56

Die Neutralisation

1 Als Indikator wird _____ verwendet. Ergänze!

| Lauge | | Säurelösung |

_____-färbung _____-färbung

(_____) (_____)

Beobachtung: a) _____ (_____ Reaktion)

b) _____

Formuliere die Reaktion von Natronlauge mit Salzsäure:

_____

2 Beobachtungen beim Verwenden anderer Säuren und Laugen:

a) _____ b) _____

| Das Prinzip der Neutralisation: _____ |

3 Wird das Wasser verdampft, bleibt _____

_____ zurück, z. B. bei **1**: _____ . Daher gilt:

_____

4 Anwendungsmöglichkeiten der Neutralisation:

_____

5 Übungen!

_____

57

* Überprüfe dein Wissen

Beim Neutralisieren von Bariumhydroxidlösung mit Schwefelsäure entsteht das praktisch wasserunlösliche Salz Bariumsulfat:

Ba^{2+} + 2 OH^- + 2 H^+ + SO_4^{2-} ⟶ ....

Der Versuch wird folgendermaßen durchgeführt: Zu einer mit Universalindikator versetzten Bariumhydroxidlösung wird tropfenweise verdünnte Schwefelsäure zugegeben und dabei die Änderung der elektrischen Leitfähigkeit verfolgt:

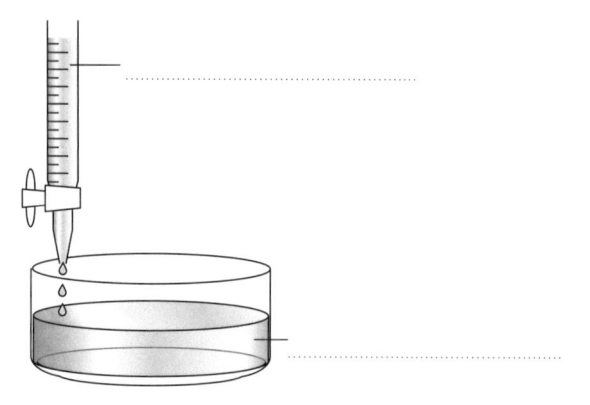

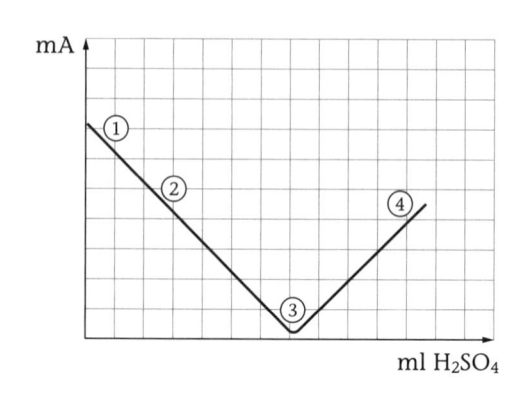

- Beschrifte und vervollständige die Versuchsskizze!

- Male die Fläche unterhalb der vorgedruckten Messkurve farbig:

    ①–③ blau,   ③ grün (senkrechter Strich!),   ③–④ rot.

- Erläutere den Kurvenverlauf (jeweils a)) bzw. die Färbung des Universalindikators (jeweils b)) nach dem vorgegebenen Schema!

Beobachtung bei	Deutung
① a) Die Lösung leitet den Strom b) Blaufärbung	a) Es sind frei bewegliche Ionen vorhanden b) hervorgerufen durch die OH^--Ionen
② a) b)	a) b)
③ a) b)	a) b)
④ a) b)	a) b)

58

Überprüfe dein Wissen

Kurzarbeit aus der Chemie   Note: 4

1 Nenne allgemeine Eigenschaften von Säurelösungen:

- *Sie schmecken sauer*
- *Sie färben Indikatoren rot*   exakter!
- *sie zersetzen alle Metalle, dabei wird ein Gas* F *frei*
- *sie leiten den elektrischen Strohm*

In allen Säurelösungen sind *H-Ionen = Wasserstoff* -Ionen (Formel, Name) enthalten.

2 Nenne allgemeine Eigenschaften von Laugen:

- *Sie schmecken süß* F
- *Sie färben Indikatoren blau*   exakter!
- *Sie greifen die Haut (Eiweiß) an*
- *Sie leiten den elektrischen Strom*

In allen Laugen sind *OH-Ionen = Hydrogen* -Ionen (Formel, Name) enthalten.

3 Gib die Formelgleichung an für die Neutralisation von Salzsäure mit Natronlauge:

$H^+ + Cl^- + Na^+ + OH^- \longrightarrow H_2O + Na^+ + OH\,Cl^-$ F

4 Formuliere ein weiteres, selbstgewähltes Beispiel (andere Säurelösung und andere Lauge verwenden)! Benenne alle Stoffe!

$2H^+ + SO_4^- + 2K^+ + 2OH^- = H_2O + 2K^+ + SO_4^- + E$

Salpetersäure (?)   Kaliumlauge   Wasser   Kaliumsulfid

5 Welche praktische Bedeutung haben Neutralisationsreaktionen? (Zwei verschiedene Beispiele)

a) *Man kann damit z. B. bei einem Unfall ausgelaufene Säuren oder Laugen unschädlich machen (neutralisieren).*

b) *Man kann* F

Der Lehrer hat die Arbeit korrigiert und benotet, aber er hat die Fehler nur angemerkt. Suche und ergänze die richtigen Antworten!

Überprüfe dein Wissen

1 Füge die angegebenen Ionen zu Formeln von Salzen zusammen!

	Cl^-	SO_4^{2-}	NO_3^-	PO_4^{3-}	CO_3^{2-}
Na^+	NaCl				
Ca^{2+}					
Al^{3+}			$Al(NO_3)_3$		
Fe^{2+}					
Fe^{3+}					

2 * Gib die Formeln an:

Natriumhydrogencarbonat: ....

Dinatriumhydrogenphosphat: ....

Natriumdihydrogenphosphat: ....

3 Brausepulver – erfrischender Einsatz von Säuren

Du mischst 2 Gewichtsteile (Gt) Citronensäure (oder Weinsäure) mit ca. 2 Gt Zucker und 1 Gt Natriumhydrogencarbonat („Natron"). Bei Zugabe von Wasser bildet sich Citronensäurelösung, die sofort das Natron zersetzt. Das dabei freiwerdende Kohlenstoffdioxidgas bewirkt das heftige Sprudeln. Die Menge des zugegebenen Zuckers kannst du beliebig variieren – wie es dir am besten schmeckt.
Im Handel erhältliches Brausepulver enthält noch Farbstoffe (überflüssig!) und kleine Mengen bestimmter Aromastoffe.

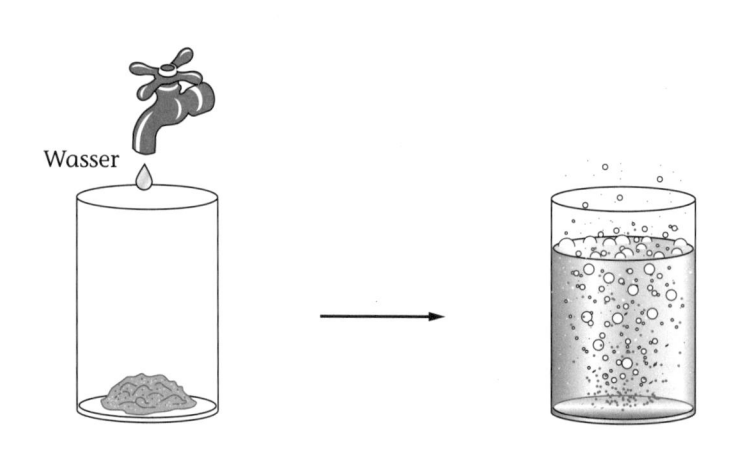

Wasser

Farbe bekennen:

1 Oft ist es nicht nur wichtig, <u>ob</u> eine Lösung sauer oder laugig (= _____) reagiert, sondern _____

Dies gibt man mit dem so genannten _____ an. Man misst ihn z. B. mit _____

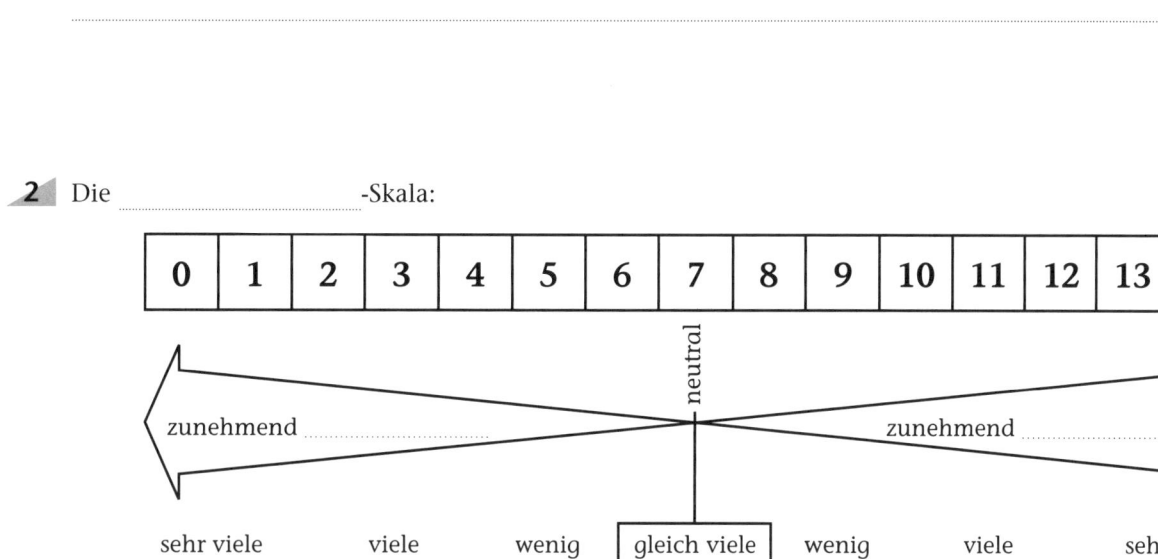

2 Die _____ -Skala:

| 0 | 1 | 2 | 3 | 4 | 5 | 6 | 7 | 8 | 9 | 10 | 11 | 12 | 13 | 14 |

neutral

← zunehmend _____   zunehmend _____ →

sehr viele   viele   wenig   gleich viele   wenig   viele   sehr viele

_____ - Ionen   _____ - Ionen

Merke: Je kleiner der pH-Wert, desto _____

3 Wende dein Wissen an!
Bei der Entstehung von Karies („Zahnfäule") spielen Säuren eine entscheidende Rolle. Die Werbung einer bekannten Firma erläutert die Wirkung ihres Zahnpflege-Kaugummis so:

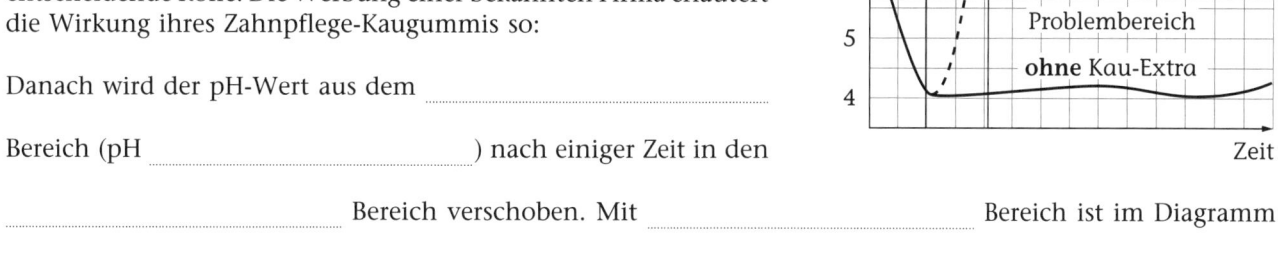

Danach wird der pH-Wert aus dem _____

Bereich (pH _____) nach einiger Zeit in den

_____ Bereich verschoben. Mit _____ Bereich ist im Diagramm

ein _____ gemeint.

Chemisch exakt bedeutet der neutrale Bereich immer _____

4 Wo findest du im Alltag pH-Wert-Angaben? _____

Informiere dich (Buch, Lexika) über die Bedeutung der pH-Werte in Natur und Technik!

* Wasser als Lösemittel

1 Der Lösevorgang: Beim Lösen ....

.... (Ergänze die Skizze!)

Die Lösung ist ....

Löst sich ein Stoff nicht vollständig auf, nennt

man den ungelösten Feststoff ....

........................., die Lösung darüber ist dann

....

2 Je nachdem, ob wenig oder viel Stoff pro Volumeneinheit gelöst ist, spricht man von einer ....

.... oder .... In vielen Fällen benötigt man aber

genauere Konzentrationsangaben, z. B. ....

| Massenanteil in %: In einer x-%igen Lösung befinden sich ....
.... |

Bei gelösten Flüssigkeiten gibt man meist den .... an. Beispiel: Haushaltsessig

hat ca. .... Essigsäure; d. h. ....

3 Einfluss der Temperatur auf die Löslichkeit. Werte die folgenden Diagramme aus:

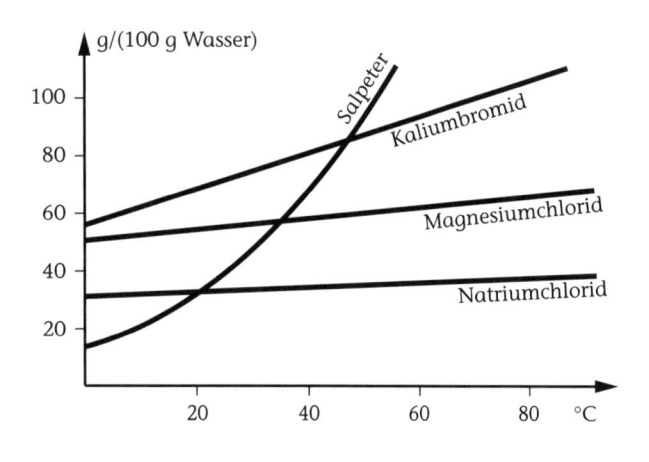

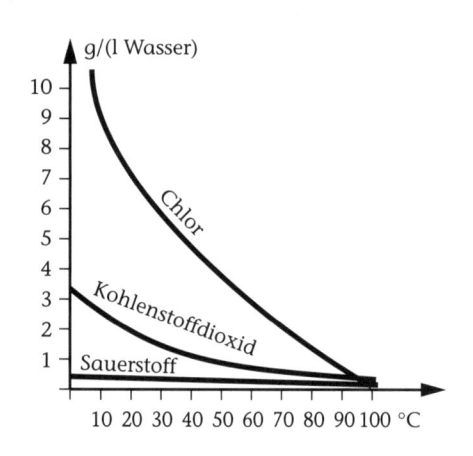

| a) Die Löslichkeit von Feststoffen nimmt i. Allg. ....
b) Die Löslichkeit von Gasen .... |

4 Eine übliche Bezeichnung für Konzentrationsangaben ist **ppm** (d. h. ....)

und bedeutet den Anteil einer Substanz in .... Teilen der Gesamtsubstanz.

Überprüfe dein Wissen

Chemie auf Briefmarken

1 Auf den folgenden Briefmarken mit Mineralien-Abbildungen findest du deren Gebrauchsnamen. Ergänze jeweils die exakte chemische Bezeichnung und die chemische Formel (Lexikon!):

Gips
= ....
....

Halit
= ....
....

Galenit
= ....
....

Calcit
= ....
....

2 Die drei Briefmarken zeigen Abarten (Varietäten) des gleichen Minerals: Amethyst, Achat und Rauchquarz.

Es handelt sich um das Mineral .... Chem. Formel: ....

Exakte chemische Bezeichnung: ....

3 Auf dieser britischen Marke ist ein **Vitamin C-Molekül** abgebildet: die Kugeln sollen Atome darstellen, die Striche dazwischen stehen für gemeinsame Elektronenpaare (Atombindung!). Die Formel für Vitamin C erhälst du, indem du die zutreffenden Symbole in die Kugeln schreibst: Die vierwertigen Atome sind C-Atome, die zweiwertigen sind O-Atome und die einwertigen sind H-Atome.

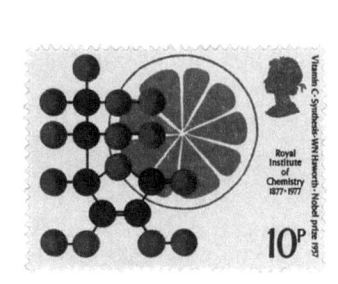

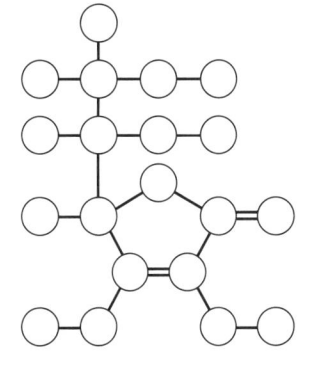

Vitamin C
(= Ascorbinsäure)

Überprüfe dein Wissen

Gefahrenhinweise und ihre Bedeutung

Symbol	Kenn- buchstabe	Gefahrenbezeichnung	Was sagt es uns?
🔥	F F+		
🔥⭕	O		
💥	E		
✖	Xn Xi		
⚗	C		
☠	T T+		
☢			

Nachweisreaktionen

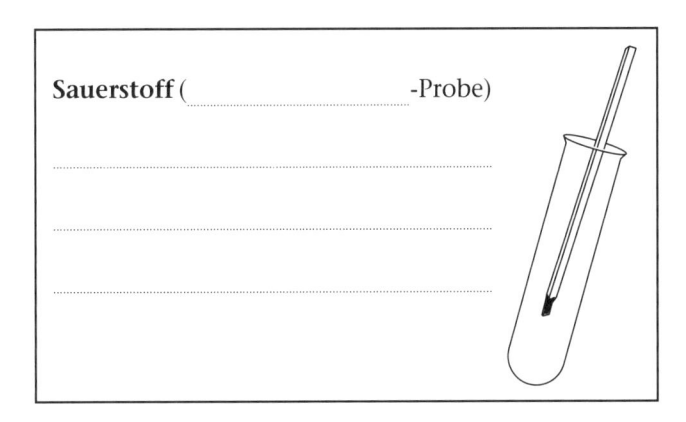

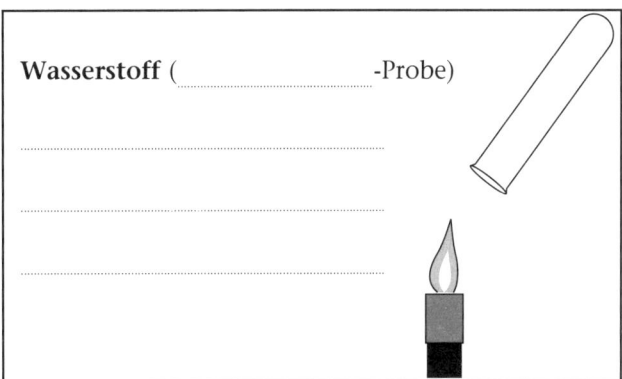

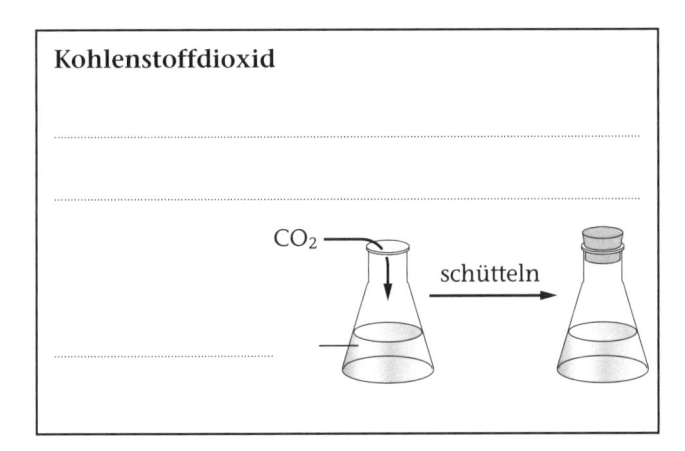

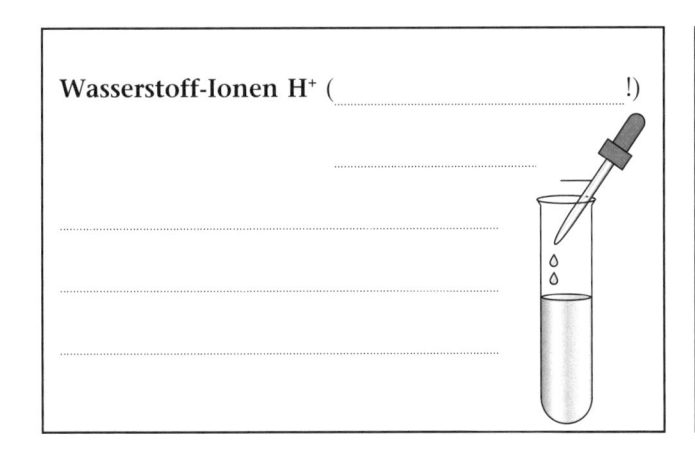

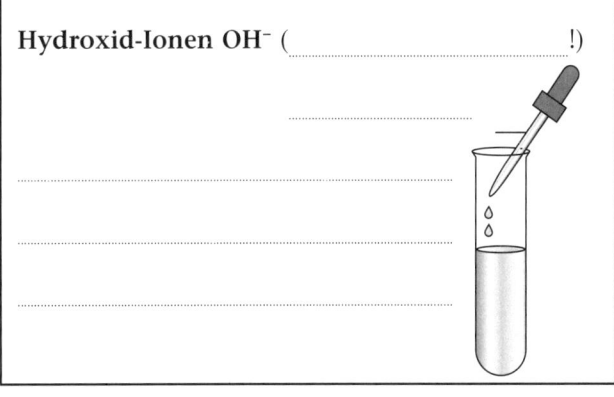

Sauerstoff (............ -Probe)	Wasserstoff (............ -Probe)

Kohlenstoffdioxid	Ionen
	Skizze:

Wasserstoff-Ionen H⁺ (............ !)	Hydroxid-Ionen OH⁻ (............ !)

Chlorid-Ionen Cl⁻	Natrium (............ -Probe)

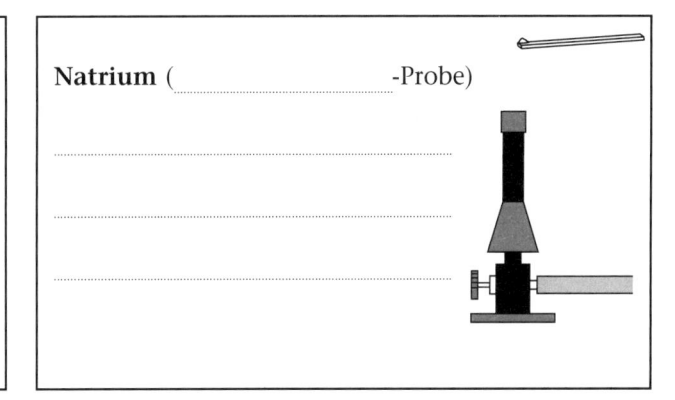

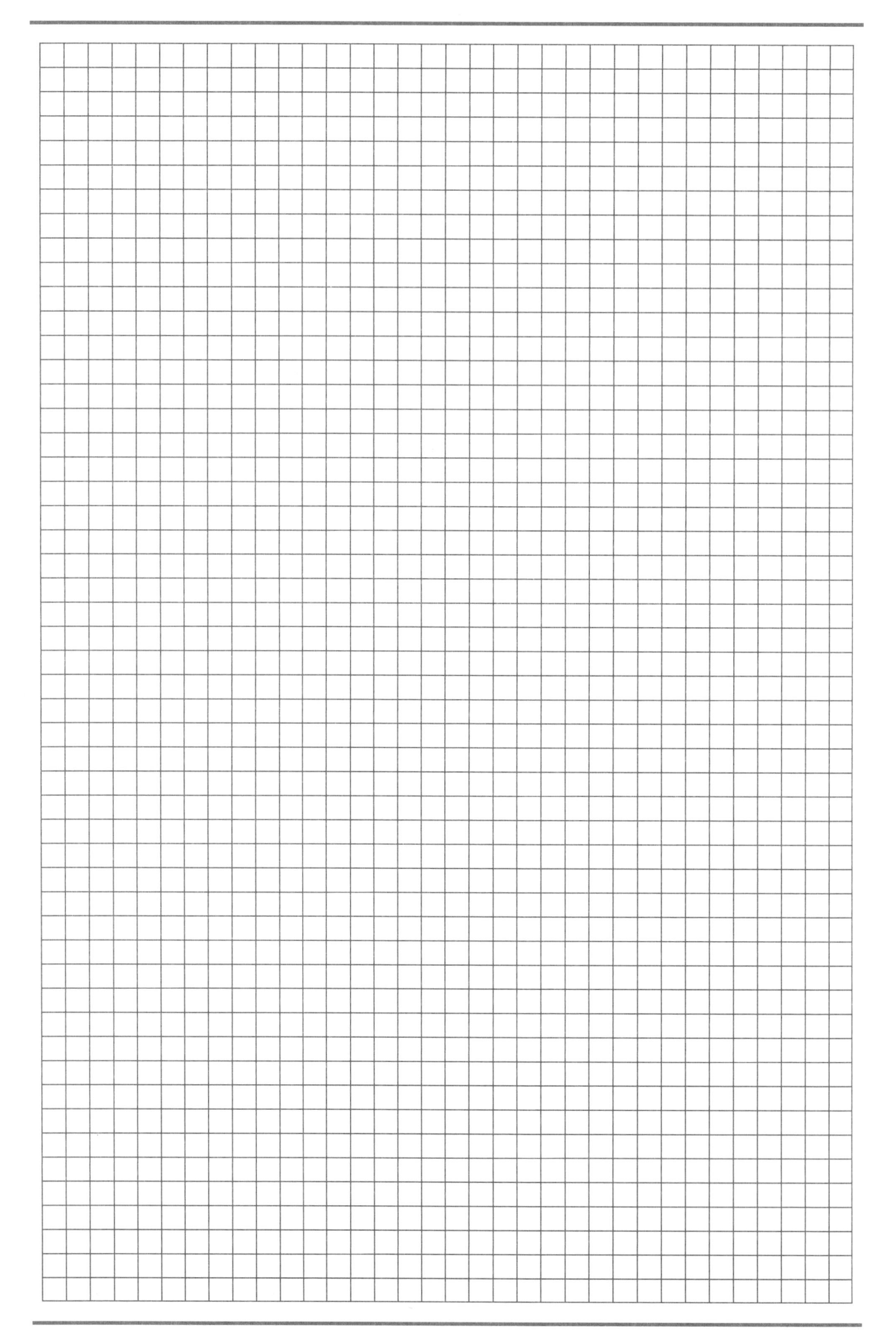

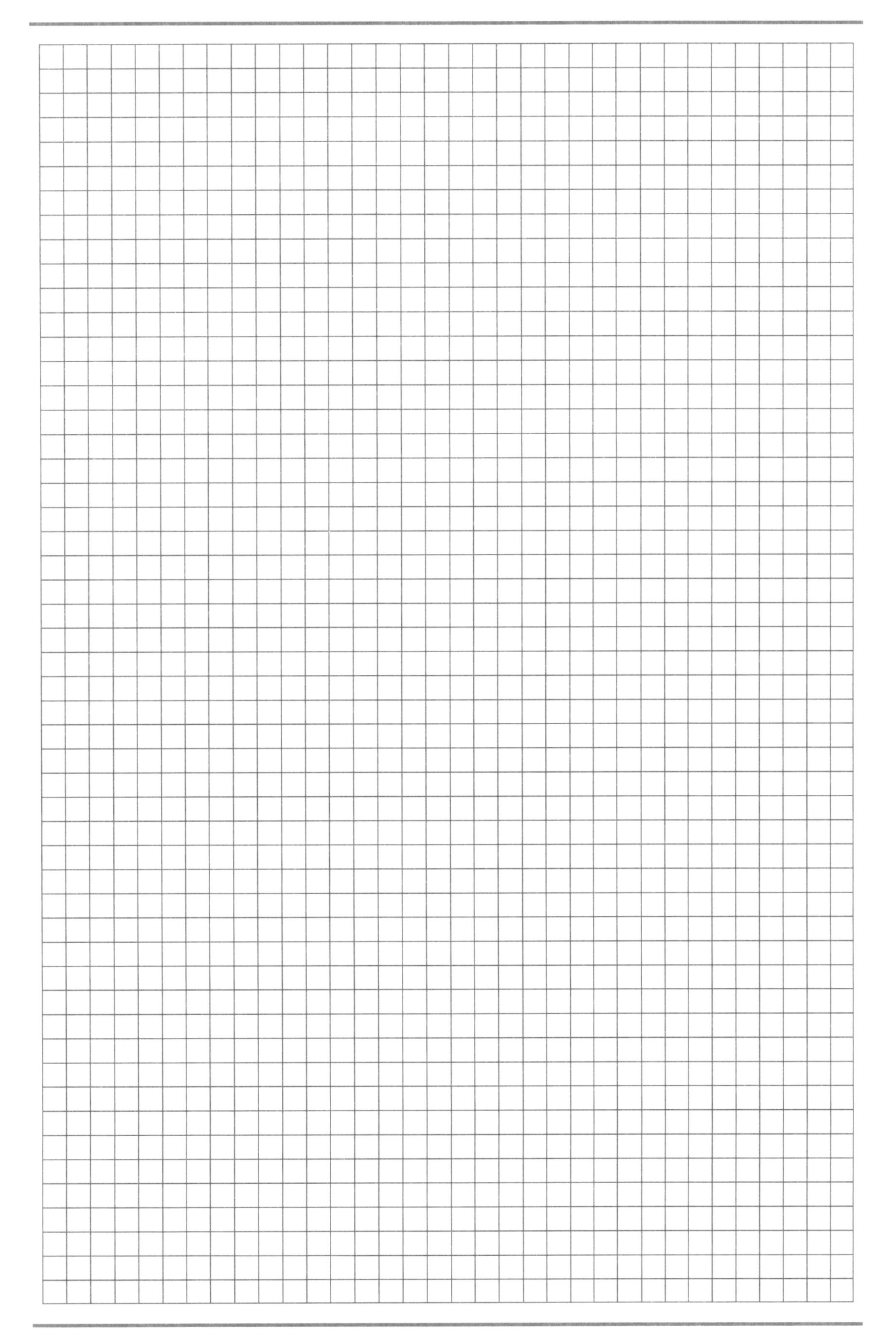

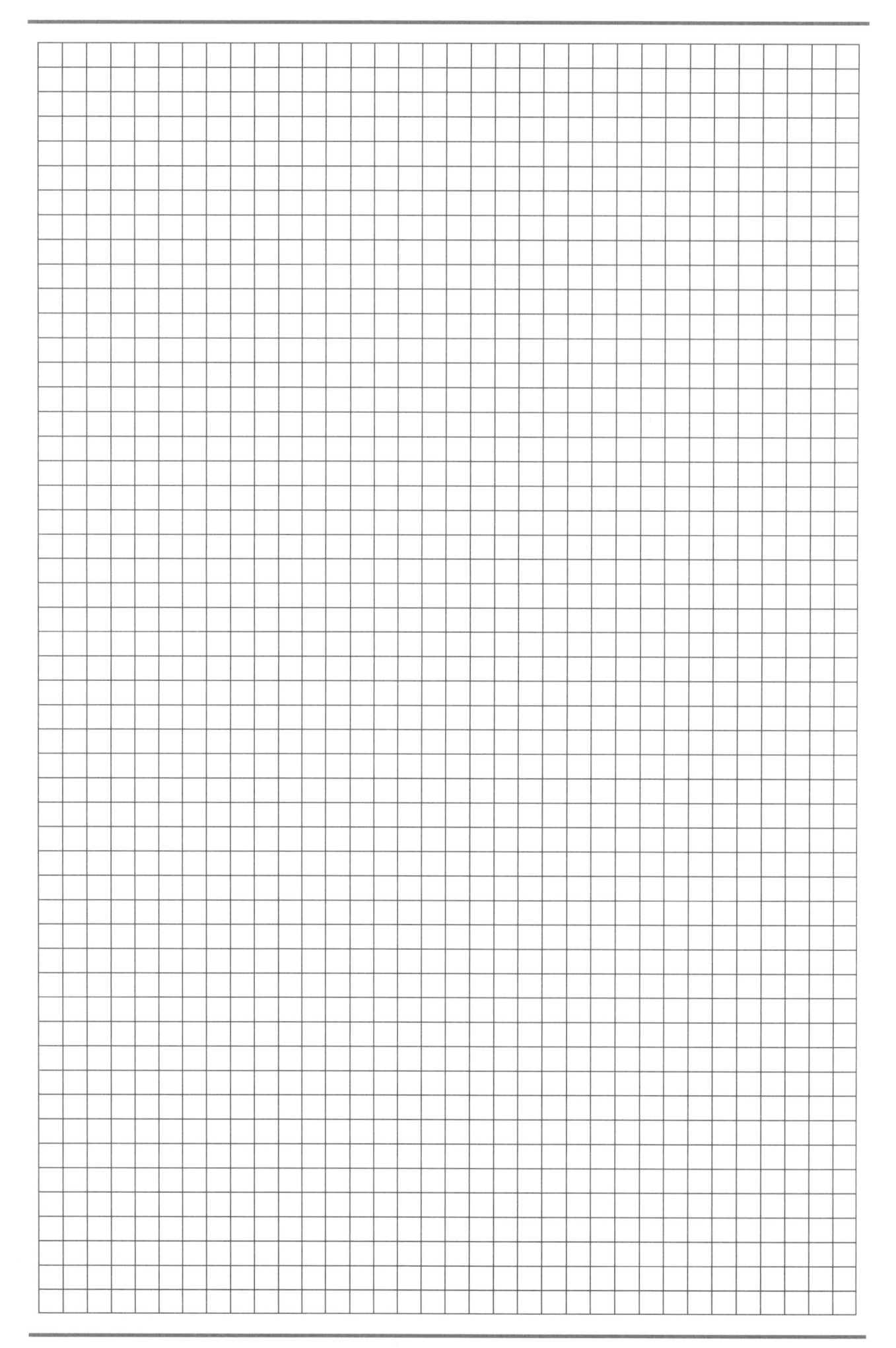

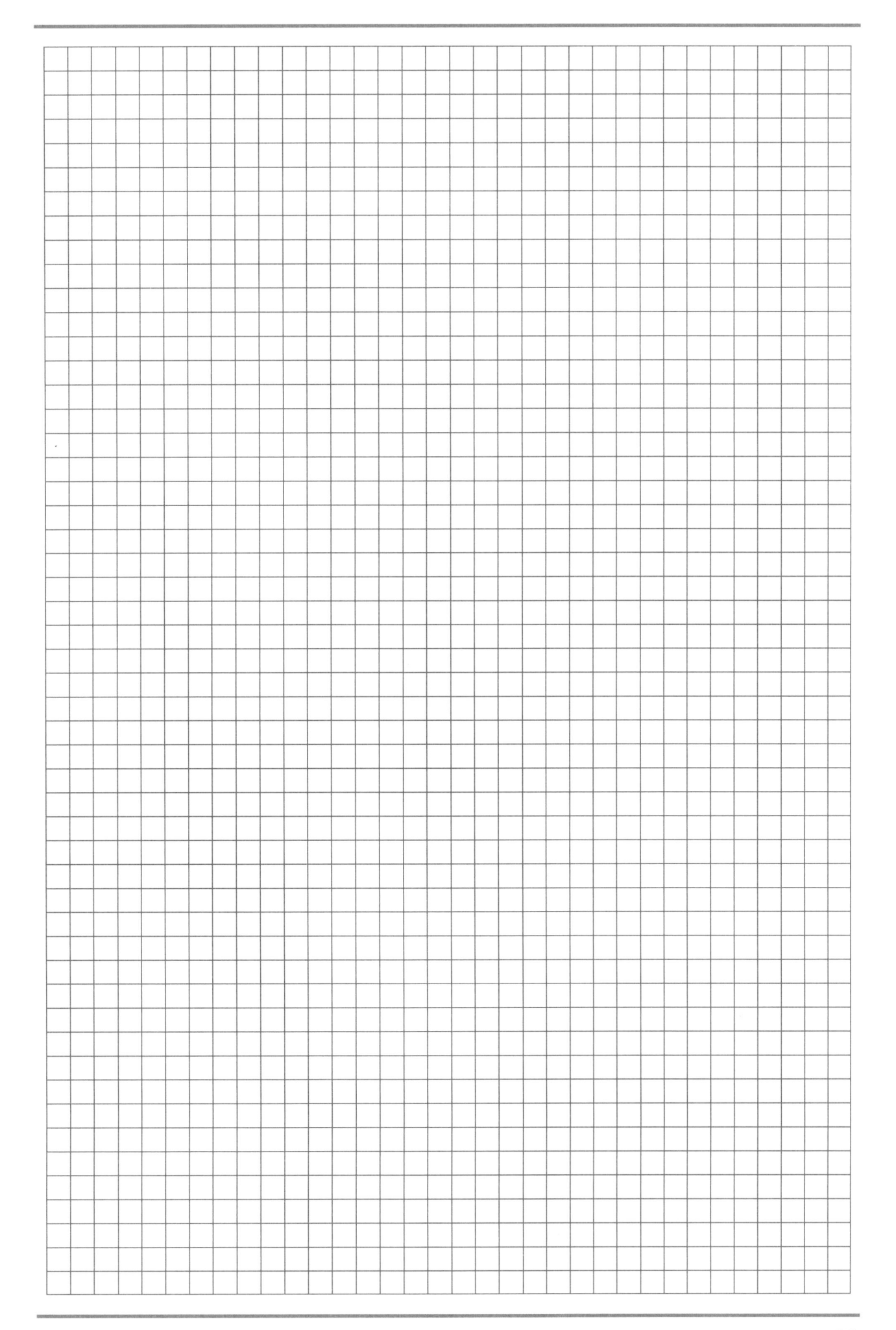

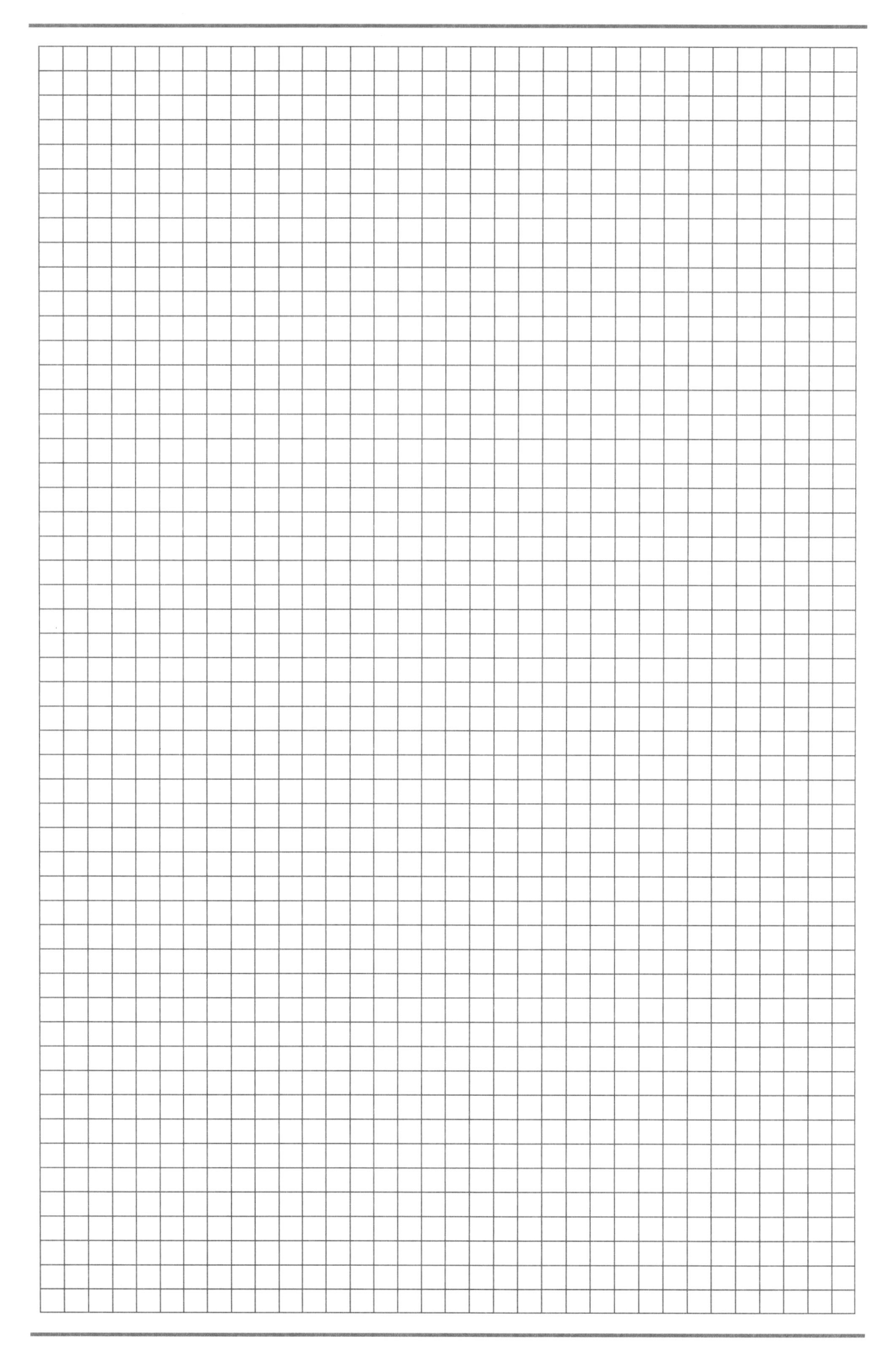

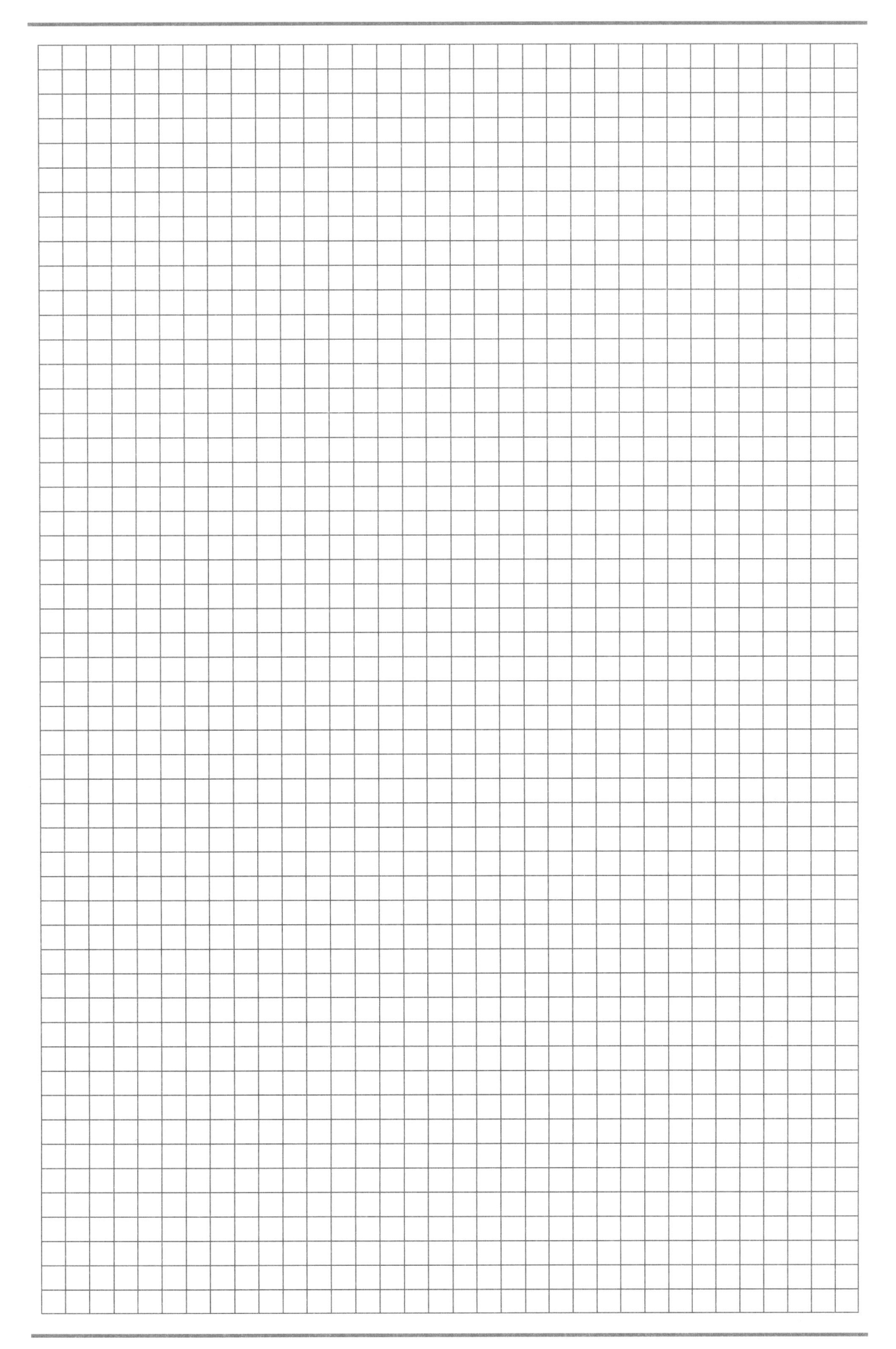

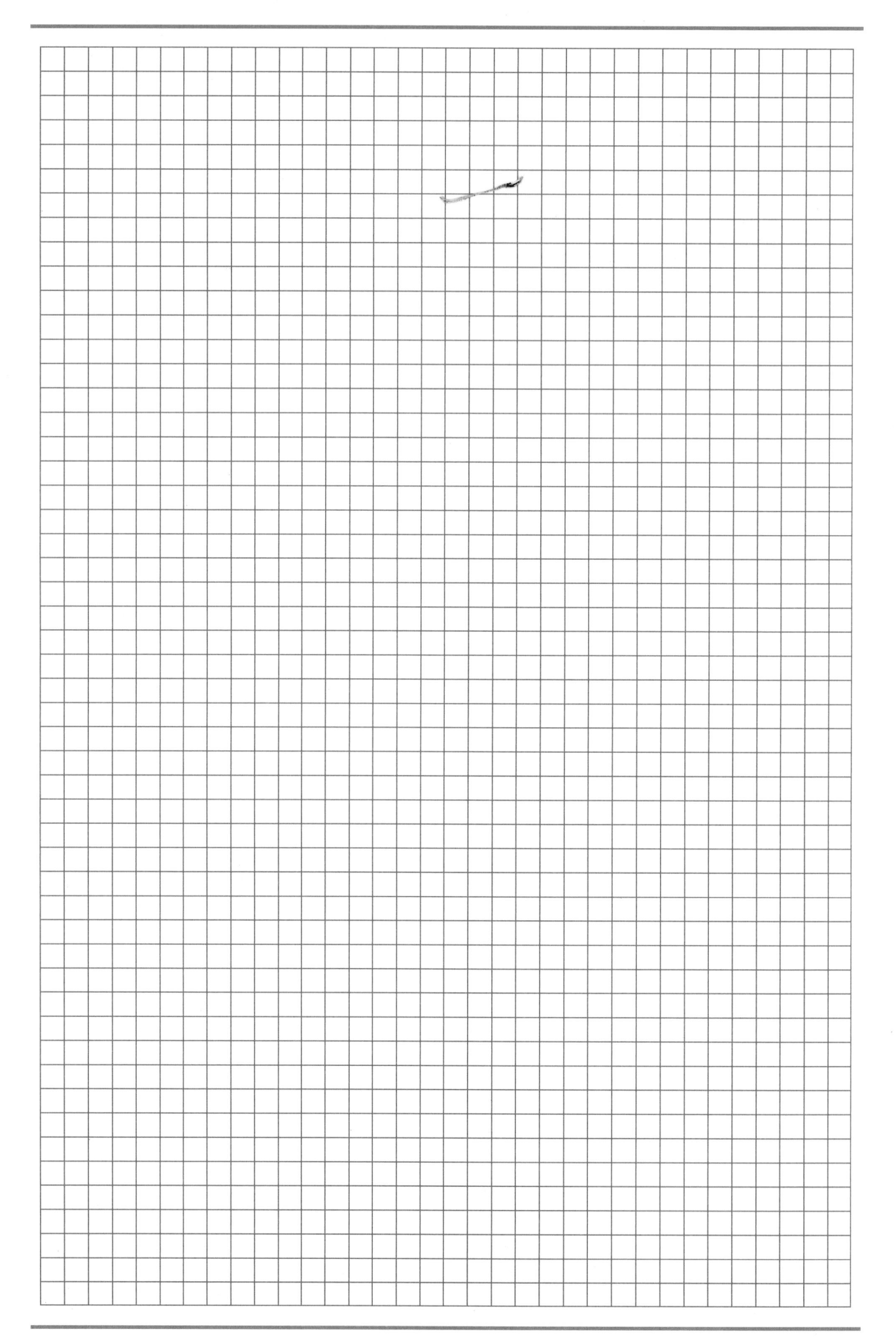